MA CUISINE SANS COMPLEXE

50 recettes twistées et audacieuses

Для моих
родных и любимых
Макса, Марии, Есении,
Артёма и Таисии.
Bon appétit!

Alaïs

chef
Théo Lignani

MA CUISINE SANS COMPLEXE

50 recettes twistées et audacieuses

Photographies
ANNA KLAISS

Éditions
de La Martinière

INTRODUCTION

Mon histoire avec la cuisine a commencé très jeune. J'ai une passion pour la cuisine depuis l'âge de sept ou huit ans. Au niveau scolaire, les années s'écoulent mais je suis un peu perdu et je ne sais pas vraiment vers quoi m'orienter. Je commence à préparer des repas à la maison, le soir. La première chose que j'ai cuisinée, c'est un plat chinois car j'ai, depuis l'enfance, un goût pour l'Asie et les produits asiatiques.

Petit à petit, je commence à prendre goût à la cuisine. J'adore faire ma tambouille, créer ce qui me plaît, inviter des amis et faire quelque chose de convivial. Par contre, je n'aime pas que mes parents entrent dans la cuisine quand je prépare quelque chose : je veux tout faire seul et créer la surprise en les servant à table. Plusieurs soirs par semaine, c'est moi qui cuisine pour ma famille avec, le mercredi soir, un gros repas. De mes 13 à mes 18 ans, je réfléchis au menu le mercredi après-midi en rentrant des cours, j'envoie la liste de courses à mon père et, à son retour du travail, je me mets à la cuisine. Je prépare un repas avec entrée, plat et dessert, avec cette envie de cuisiner des plats toujours plus élaborés. Mais, à aucun moment, je ne pense à en faire mon métier : la cuisine c'est une passion, pas un travail. Surtout, dans le milieu d'où je viens, les voies professionnelles comme la cuisine sont assez mal vues et on oriente plutôt les enfants vers les études supérieures.

D'autre part, j'ai du mal à m'intégrer dans le système scolaire, et je suis diagnostiqué enfant à haut potentiel. Même si j'effectue mon année de terminale dans un lycée spécialisé pour enfants précoces, cela ne fonctionne pas et je loupe le bac. J'ai 18 ans et je me retrouve sans diplôme en poche. Grâce à ma mère, je découvre une académie culinaire à Nice qui offre aux personnes qui n'ont pas le bac mais qui sont allées au bout de leur cursus scolaire de faire une année de prépa BTS pour accéder ensuite au BTS. Ma mère me dit de tenter ma chance, je m'inscris alors en prépa BTS restauration-hôtellerie doublée du CAP cuisine la première année. Les cours m'intéressent, je réussis, le travail me plaît et je m'amuse…

Pendant l'été, je cherche un travail dans un restaurant pour l'année suivante et c'est au Japon que je trouve un poste dans un établissement dont le gérant souhaite recruter une équipe francophone. Muni d'un visa vacances-travail, je pars en 2016 m'installer à Nagano, une station de ski située à une heure de Tokyo où l'environnement est très cosmopolite. J'y reste six mois avant de partir à Karuizawa où je suis engagé à l'hôtel Mampei. À la fin de mon visa, six mois plus tard, je rentre en France mais l'envie de repartir se fait immédiatement ressentir. Je retourne à Karuizawa et j'y reste de 2017 à 2021. Là-bas, je travaille dans un hôtel gastronomique et je participe au Tokyu Recipe Concours que je remporte avec ma recette de daurade à la sauce champagne (voir p. 36). Ce concours m'ouvre de nombreuses portes et me permet de voyager partout au Japon, Kyoto, Tokyo… Dans l'hôtel Harvest Club de Karuizawa où je travaille, je fais la connaissance du chef Fujita. Il est proche de la retraite, adore la cuisine française, est d'une bienveillance folle et il me prend sous son aile. Il m'a beaucoup protégé et, surtout, laissé une grande liberté de création, ce qui est rare quand on débute dans un restaurant gastronomique. Cette expérience m'a permis de maîtriser à la fois le côté très cadré d'un restaurant avec des fiches recettes, et de développer ma créativité car j'étais le seul à qui on laissait la possibilité d'inventer des recettes et de les mettre à la carte.

Avec cette expérience et ma valise, je reviens ensuite en France. Je cherche à travailler dans des restaurants, mais je n'y trouve pas ma place, il n'y a pas la créativité que je recherche et je décide de me lancer en tant que chef à domicile. Je mets à jour mon site et mes menus, et j'exploite mon temps libre pour créer des vidéos sur Internet. Motivé et passionné, je m'impose un rythme de travail et, petit à petit, la rigueur paye, à la fois sur TikTok et dans mon activité de chef à domicile. C'est à ce moment que les Éditions de La Martinière me contactent et, quelque temps plus tard, me voilà à réaliser mon premier livre.

Ma vision de la cuisine, c'est le côté instinctif, passionné, jamais anticipé. Je choisis le matin la recette que je vais réaliser pour la vidéo que je vais poster le soir. Je suis mes envies, personne ne me dit quoi faire. J'ai mes petits producteurs auxquels je suis attaché, c'est très important pour moi. La rapidité des réseaux me correspond, le côté instantané et instinctif me plaît. Alors, pour faire le livre, ça a été difficile d'écrire les recettes : naturellement, je cuisine à l'instinct, je ne note pas les grammages. L'un des aspects les plus importants de ma cuisine, c'est l'antigaspillage. Dans les restaurants, surtout au Japon, on contrôle tout ce qu'on jette, le moindre gramme. Il faut faire attention et le but est d'essayer de recycler au maximum, aussi bien les épluchures que les carcasses de poisson. J'y trouve un côté très créatif, et je cherche à intégrer dans mes recettes le maximum d'éléments d'un produit. Pour les poireaux, par exemple, j'ai cherché comment utiliser le vert, trop souvent jeté (voir p. 78). Je fais attention à ce que je mets à la poubelle et je réfléchis toujours à comment je peux le transformer. Il y a une intention à la fois écologique et économique : contrôler son budget et ses déchets. Les épluchures, par exemple, je les utilise dans un bouillon ; les fruits trop mûrs, je cherche à créer des mélanges et des associations de saveurs pour masquer le goût un peu rance (voir p. 129). Ce qui est aussi très important pour moi, dans ma cuisine, et ce que je cherche à transmettre, c'est le respect de la saisonnalité des produits. Je ne propose que des recettes de saison avec des produits locaux.

À travers ce livre, j'ai envie de transmettre ma vision de la cuisine et de donner envie aux gens de se mettre aux fourneaux.
Je veux essayer de montrer que lorsqu'on commence à s'intéresser à la cuisine, on se rend compte que ce n'est pas si compliqué de préparer de bons plats à la maison. Ce qui manque souvent, c'est l'inspiration pour ne pas toujours faire la même chose et c'est là que j'interviens, en vous proposant cette cinquantaine de recettes twistées à ma façon et accessibles à tous. Je veux donner envie aux gens d'essayer mes recettes, et montrer que, grâce à mes conseils, cela ne sera pas insurmontable. J'ai envie de remettre à l'honneur le côté convivial de la cuisine, le plaisir de cuisiner ensemble et de se réunir autour d'une table.
La cuisine, ce n'est pas simplement préparer un plat et manger pour se nourrir, c'est surtout son côté apaisant, rassembleur.
Je veux transmettre cet ensemble global qu'est la cuisine mais aussi les bons réflexes à mettre en place comme ne pas tout jeter et recycler le plus possible, acheter au maximum des produits locaux et de saison, ce qui permet aussi de faire des économies.
Mon but, c'est de vous proposer une cuisine sans complexe, avec des recettes simples et bien pensées mais surtout savoureuses et généreuses. À vous de jouer !

SOMMAIRE

GESTES TECHNIQUES ET RECETTES DE BASE

Astuces et conseils

- *Lorsque tu manges un poulet rôti, surtout ne jette pas les restes à la poubelle. Garde la carcasse, les petits os et même les bouts de peau et dépose-les dans une grande marmite. Couvre d'eau, fais bouillir, filtre et tu obtiens un délicieux petit bouillon de volaille maison (voir p. 18).*
- *Comme pour le poulet, tu peux réaliser un très bon bouillon à partir de la carcasse et des arêtes du poisson (voir p. 19). Tu peux soit t'en servir tout de suite, soit congeler dans un sac hermétiquement fermé ta carcasse et tes arêtes et les conserver plusieurs mois jusqu'à ce que tu en aies besoin.*
- *Lorsque tu réalises un bouillon ou un fumet, tu peux facilement le congeler dans une boîte ou un sac hermétiquement fermé. Tu auras ainsi du bouillon à portée de main et dès que tu en as besoin, il te suffit de le déposer directement dans ta casserole.*
- *Ne jette pas tes épluchures d'oignon, d'ail et d'échalote, tu peux les recycler en épices (voir p. 55). Surtout, ne conserve pas les oignons, l'ail et les échalotes au frigo. Lorsque tu les épluches, garde à proximité un petit sachet pour conserver les peaux. Une fois que tu en as une bonne quantité, tu peux facilement réaliser la recette.*

- *Pour la cuisson de la viande, pense à la sortir du réfrigérateur au minimum 30 minutes avant la cuisson pour éviter un choc de température. Si tu l'achètes au marché le matin même pour la cuisiner le midi, pas besoin de la conserver au frais. C'est valable pour toutes les viandes rouges.*

- *Une fois que ta viande est cuite, laisse-la reposer sur une plaque ou une assiette pendant 2 à 3 minutes avant de la couper. Cela permet aux saveurs de se concentrer, et de garder une partie du sang et du jus dans la viande. Si tu coupes ta viande immédiatement après l'avoir cuite, elle va perdre énormément de jus et sécher plus vite. C'est d'autant plus important de laisser reposer la viande quelques minutes après cuisson si c'est une recette de viande en croûte.*

- *Sale toujours ta viande avant la cuisson. Sous l'effet de la chaleur, le sel va fondre et se diffuser dans la chair, ce qui permet d'avoir une salaison homogène.*

- *Pour la cuisson du poisson, fais-le toujours cuire côté peau. 80 % de la cuisson du poisson doit se faire côté peau car, plus tu cuis le côté chair, plus le poisson sera sec et dur. Cuire son poisson côté peau, même si tu ne manges pas cette dernière et que tu la retires après cuisson, permet de préserver la chair et de la garder juteuse.*

Bouillon de carcasse de poulet rôti

Après avoir dégusté un poulet rôti, il te reste la carcasse encore pleine de saveurs, alors plutôt que de la jeter, transforme-la en un petit bouillon pour agrémenter tes sauces et tes soupes.

Préparation : 20 minutes • Cuisson : 1 heure

1 carcasse de poulet rôti • 1 carotte • 1 oignon • 1 blanc de poireau • 1 l d'eau • 1 gousse d'ail • 1 bouquet garni

Récupère la carcasse de poulet rôti avec les os et les restes de peau. Casse le coffre en deux ou trois pour qu'il entre dans une grande casserole. Coupe grossièrement la carotte, l'oignon, le poireau et ajoute-les dans la casserole. Mouille avec l'eau, ajoute la gousse d'ail entière, le bouquet garni et laisse mijoter à feu moyen pendant 1 heure. Filtre ensuite le liquide dans un chinois ou une passoire.

Tu peux utiliser ce bouillon aux saveurs de poulet rôti dans tes sauces de viande ou dans n'importe quelle soupe.

Le bouillon se congèle facilement, cela te permet d'en avoir toujours à portée de main.

Bouillon d'arêtes de poisson

Quand tu achètes un poisson entier chez ton poissonnier, je te conseille de préparer ce bouillon avec la carcasse pour faire des soupes ou des sauces, comme ça, tu ne jettes rien.

Préparation : 20 minutes • Cuisson : 1 heure

1 carcasse de poisson (arêtes + tête et queue) • 1 carotte • 1 oignon • 1 branche de céleri • 1 vert de poireau • 40 ml de vin blanc • 1 l d'eau • 1 bouquet garni • Quelques graines de coriandre • Huile d'olive • Sel et poivre

Commence par laver à l'eau claire les arêtes, la queue et la tête de ton poisson. Enlève les branchies si ton poissonnier ne s'en est pas occupé. Fais ensuite revenir la carcasse avec un filet d'huile d'olive dans une casserole à feu moyen. Pendant ce temps, coupe grossièrement la carotte, l'oignon, la branche de céleri et le vert de poireau. Ajoute tes légumes coupés dans la casserole et monte le feu. Mélange avec une cuillère en bois en faisant attention que la garniture ne brûle pas. Déglace ensuite avec le vin blanc et décolle les sucs de cuisson en grattant le fond de ta casserole avec la cuillère. Mouille avec l'eau, ajoute le bouquet garni, quelques graines de coriandre et laisse ton bouillon mijoter à feu doux pendant une petite heure. Écume la mousse qui se forme à la surface de temps en temps pendant la cuisson. Une fois réduit de moitié, passe ton bouillon dans une passoire ou au chinois et assaisonne avec du sel et du poivre. Tu peux utiliser cette préparation comme base pour tes sauces de poisson ou dans des soupes et facilement la congeler pour en avoir toujours à disposition.

Soupe vide frigo

Essaie de prendre le réflexe de ne pas jeter certaines parties de légumes que tu mets à la poubelle d'habitude. Le vert du poireau, les pieds des brocolis, les tiges de persil ou les pieds des champignons sont pleins de vitamines et délicieux une fois cuits et mixés dans une soupe.

Préparation : 25 minutes • Cuisson : 25 minutes

POUR 6 PERSONNES • 1 pomme de terre • 1 carotte • 1 vert de poireau • 1 pied de brocoli • 1 oignon blanc • Quelques feuilles de céleri • Quelques pieds de champignons • 20 g de beurre • 1 gousse d'ail • 1 l de bouillon de volaille • Quelques tiges de persil • 1 feuille de laurier • Quelques morceaux de pain dur

Commence par laver et couper grossièrement tous tes légumes. Fais ensuite revenir l'oignon dans une casserole avec le beurre et la gousse d'ail écrasée. Ajoute ensuite la pomme de terre épluchée et découpée, la carotte, le céleri, le vert de poireau, le pied de brocoli et les pieds de champignons. Laisse revenir à feu vif ton mélange pendant 3-4 minutes avant de déglacer avec le bouillon de volaille. Ajoute les tiges de persil, la feuille de laurier et laisse mijoter pendant une vingtaine de minutes à feu doux. Enlève la feuille de laurier et mixe ton potage pour en faire une soupe bien lisse. Ajoute quelques morceaux de pain dur au moment de déguster et régale-toi.

Mayonnaise maison

Préparation : 10 minutes

POUR UN POT DE SAUCE DE 150 G ENVIRON • 1 jaune d'œuf • 1 c. à c. de moutarde • 1 c. à c. de vinaigre [de cidre par exemple] • 150 ml d'huile de tournesol • Sel et poivre

Pour réussir une mayonnaise parfaite, dépose le jaune d'œuf dans un bol. Ajoute ensuite la moutarde, le vinaigre et incorpore l'huile de tournesol doucement en remuant avec un fouet. Ajoute l'huile par petites quantités sans cesser de mélanger et attends qu'elle se lie au mélange pour en rajouter.
Ta mayonnaise va commencer à épaissir jusqu'à obtenir une sauce bien blanche et ferme. Assaisonne avec du sel et du poivre et conserve cette mayonnaise au frigo, dans un bol, pendant une dizaine de jours maximum.

Sauce barbecue maison

Préparation : 20 minutes • Cuisson : 30 minutes environ

POUR UN POT DE SAUCE DE 400 G ENVIRON • 1 oignon rouge • 2 gousses d'ail • 20 g de beurre • 30 g de vinaigre de cidre • 240 g de ketchup • 120 g de cassonade • 40 g de jus de citron • 30 g de concentré de tomate • 15 g de moutarde • 30 g de sauce Worcester • 10 g de paprika • 50 ml d'eau • Sel et poivre

Épluche et coupe l'oignon grossièrement, fais-le revenir pendant quelques minutes à feu moyen dans une casserole avec les gousses d'ail écrasées et le beurre. Déglace avec le vinaigre de cidre puis ajoute le ketchup, la cassonade, le jus de citron, le concentré de tomate, la moutarde, la sauce Worcester, le paprika et la moitié de l'eau. Laisse ton mélange monter en température puis baisse le feu et laisse mijoter à feu doux pendant une trentaine de minutes.
Passe ensuite ton mélange au mixeur pour ne pas laisser de morceaux, ajoute le reste de l'eau si ta sauce est trop épaisse et assaisonne en sel et poivre.
Laisse ta sauce refroidir avant de la mettre dans un pot. Tu peux la conserver jusqu'à deux semaines au frigo.

Sauce bulldog japonaise

La sauce bulldog est très populaire au Japon, elle accompagne le riz et la viande. Elle se marie très bien avec le hamburg japonais (voir p. 51).

Préparation : 20 minutes • Cuisson : 45 minutes

POUR UN POT DE SAUCE DE 400 G ENVIRON • 1 oignon rouge • 1 carotte • 1 pêche • 4 pruneaux séchés • 4 dattes séchées • 130 g de sucre • 30 ml d'eau • 100 ml de vin rouge • 50 g de concentré de tomate • 100 ml de sauce soja • 30 g de sauce Worcester • 50 g de vinaigre de riz • 2 feuilles de laurier • Sel et poivre

Commence par éplucher et couper l'oignon, la carotte et la pêche en morceaux, ainsi que les pruneaux et les dattes. Fais ensuite fondre 100 g de sucre dans une casserole pour réaliser un caramel. Dès que le sucre a pris une belle couleur, déglace avec l'eau puis ajoute les 30 g de sucre restants. Ajoute les légumes et les fruits coupés dans la casserole, puis le vin rouge, le concentré de tomate, la sauce soja, la sauce Worcester et le vinaigre de riz. Ajoute aussi les feuilles de laurier, couvre la casserole et laisse mijoter à feu moyen pendant 40 minutes. Retire les feuilles de laurier, passe ta sauce au mixeur pour éviter les morceaux puis ajoute du sel et du poivre.

—

Laisse la sauce refroidir et conditionne-la dans un pot que tu pourras conserver pendant deux à trois semaines au frigo.

Émincer

1

Épluche et coupe
ton oignon en deux.

2

Place tes doigts sur le dessus
de l'oignon en repliant la première
phalange pour que le couteau
glisse contre tes phalanges.

3

Taille l'oignon
en exerçant un mouvement
circulaire du haut
vers le bas avec le poignet.

4

Tu obtiens
de fines lamelles.

Ciseler

1

Fais plusieurs entailles
à la verticale dans ton échalote
sans aller jusqu'au bout
pour que l'échalote se tienne.

2

Maintiens l'échalote
avec le plat de ta main
et fais plusieurs
entailles à l'horizontal
sans aller jusqu'au bout.

3

Place tes doigts au bout de l'échalote en repliant la première phalange. Exerce un mouvement de va et vient de haut en bas en faisant glisser le couteau contre tes phalanges.

4

Tu obtiens de tout petits dés.

Tailler en julienne

1

Épluche tes carottes puis
coupe des tronçons
de la largeur que tu souhaites
pour ta julienne.

2

Taille de fines lamelles
à l'aide d'une mandoline.
Attention aux doigts !
Main à plat
et phalanges rentrées.

3

Superpose tes lamelles
de carotte,
légèrement en quinconce.

4

Maintiens les lamelles
avec tes doigts, phalanges rentrées,
et taille de fines lamelles
en faisant un mouvement circulaire
du haut vers le bas. Tu dois obtenir
de très fines lamelles.

Ouvrir en portefeuille

1

Nettoie, pare et dénerve le blanc de poulet. Pose la main à plat dessus et passe le couteau pour couper en deux le blanc de poulet dans le sens de l'épaisseur.

2

Taille jusqu'à la moitié, relève le lobe supérieur…

3

… et continue d'ouvrir l'escalope
sans la couper en deux.

4

Tu obtiens
alors un blanc
de poulet très fin.

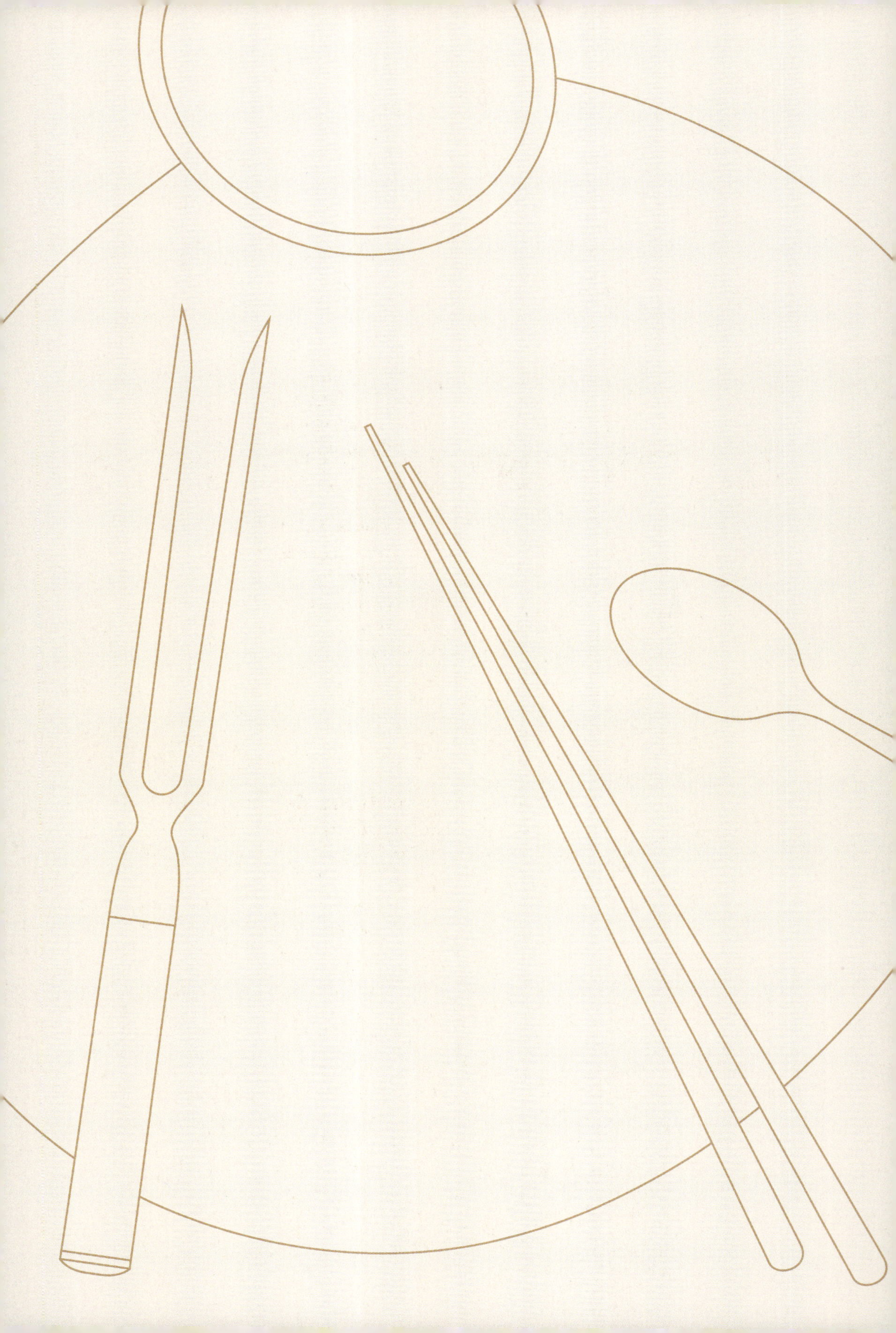

MES INCONTOURNABLES

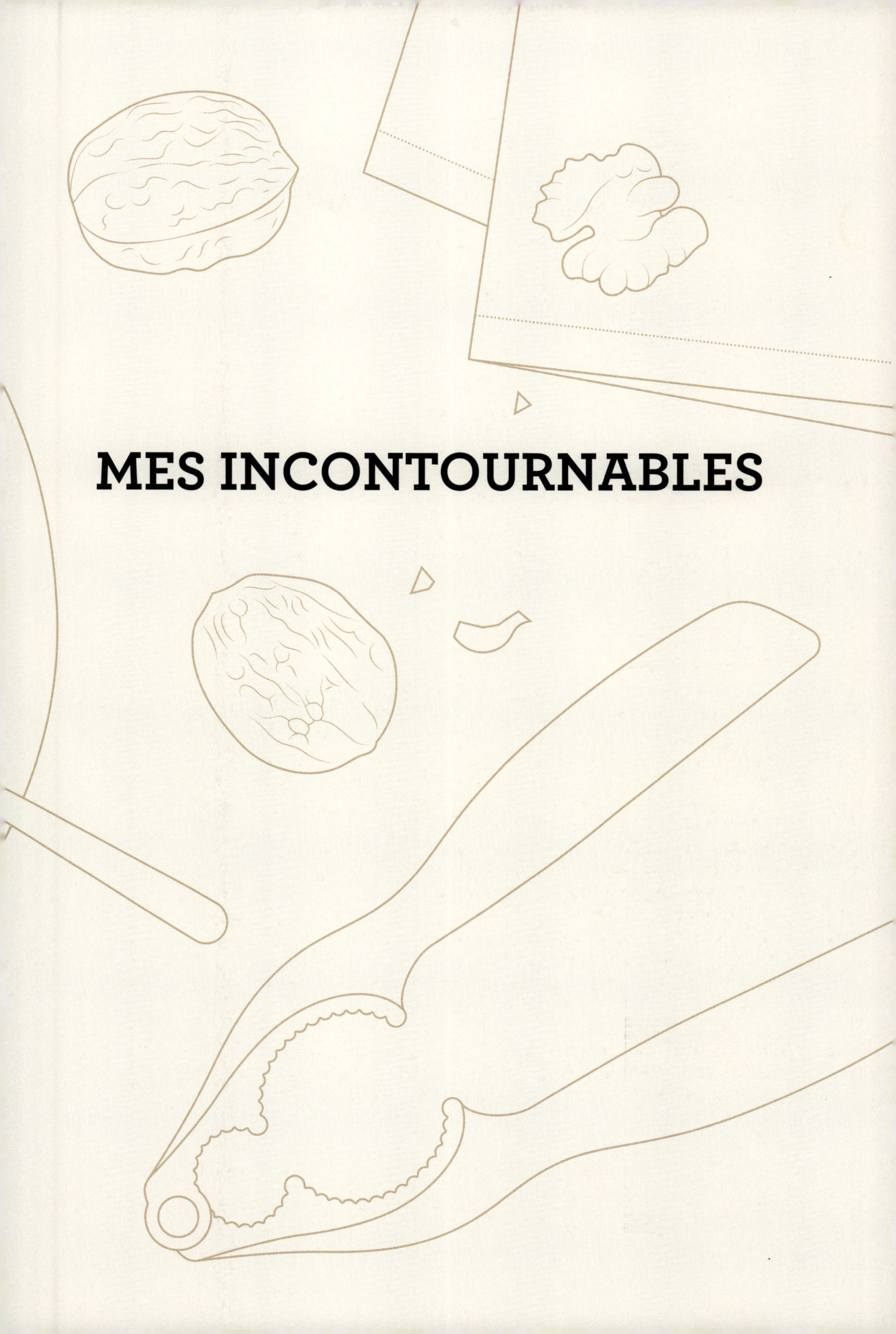

Épaule d'agneau confite aux 5 épices

Préparation : 30 minutes • Repos : minimum 2 heures à une nuit • Cuisson : 3 heures

POUR 4 PERSONNES • 1 kg d'épaule d'agneau entière • **MARINADE** • 3 gousses d'ail • 20 g de gingembre frais • 10 g de gros sel • Quelques grains de poivre • 1 sachet de levure boulangère sèche • 2 c. à c. de Maïzena® • 150 ml d'eau • 20 g d'huile de tournesol • 20 g de vinaigre de vin rouge • 20 g de sauce soja • 5 g de quatre-épices • 5 g de paprika fumé • 1 c. à c. de miel • 10 g de ciboulette hachée • **GARNITURE** • 500 g de pommes de terre grenaille • 500 g de champignons de Paris • 100 g de marrons en pot

Choisis une jolie épaule d'agneau entière et pique la chair avec une pique à viande.

—

Place les gousses d'ail et le gingembre frais épluchés, le gros sel et quelques grains de poivre dans le bol d'un pilon et mouds le tout jusqu'à obtenir une pâte.

—

Dans un bol, verse la levure boulangère, la Maïzena® et l'eau et mélange bien. Verse l'huile de tournesol dans un second bol, ajoute le vinaigre de vin rouge, la sauce soja, le quatre-épices, le paprika fumé, le miel, ta pâte d'ail et gingembre, puis le mélange eau/Maïzena®/levure et mélange bien.

—

Recouvre ta viande avec cette marinade, filme le plat et laisse reposer minimum 2 heures au frigo.

—

Soulève ta viande au-dessus du plat pour l'égoutter, récupère la moitié de la marinade et réserve-la dans un bol. Dépose l'épaule d'agneau dans le plat, recouvre-la de papier aluminium et enfourne-la, côté chair vers le haut, à 130 °C. Laisse cuire pendant 45 minutes. Retourne l'épaule et enfourne à 160 °C, pendant 2 heures environ. Sors ta viande toutes les 15-20 minutes pour la badigeonner avec la sauce restée dans le fond du plat et éviter que la peau ne brûle.

—

Il ne reste plus qu'à faire bouillir doucement le reste de marinade (la Maïzena® dans la sauce va lui permettre d'épaissir), à ajouter un peu de ciboulette hachée, et c'est prêt.

Pour la garniture

Je te conseille une poêlée de champignons avec des petites patates bouillies et des marrons. Dans une casserole d'eau salée, plonge les pommes de terre à ébullition et laisse-les cuire environ 20 minutes. Coupe-les en deux. Coupe les champignons de Paris et les marrons en deux. Dans une poêle, fais revenir les pommes de terre, les champignons et les marrons, assaisonne de sel et de poivre.

—

Il ne reste plus qu'à dresser ta viande sur une assiette, ajouter la garniture et à napper le tout avec la sauce. C'est simple mais juste trop bon !

Daurade au beurre provençal et sauce champagne

J'ai créé cette recette à l'occasion d'un concours de cuisine au Japon, le Tokyu Recipe Concours que j'ai remporté en 2019.

Préparation : 1 heure 30 • Cuisson : 1 heure

POUR 4 PERSONNES • 4 filets de daurade • 20 g d'huile d'olive • Sel et poivre blanc • **BEURRE PROVENÇAL** • 100 g de beurre • 5 g de citron confit • 10 g d'olives noires • 10 g de tomates séchées • Quelques feuilles de persil • ½ gousse d'ail • 5 g de chapelure • 1 citron jaune non traité • Sel et poivre • **PICKLES D'OIGNON ROUGE** • ½ oignon rouge • 100 ml de vinaigre de vin rouge • 25 g de cassonade • 1 feuille de laurier • **RATATOUILLE** • ½ oignon blanc • ½ poivron rouge • ½ poivron vert • ½ poivron jaune • ½ courgette • ½ aubergine • 1 gousse d'ail • 20 ml de vin blanc • 200 g de coulis de tomate • 1 bouquet garni • Huile d'olive • **CANNELLONIS DE COURGETTE** • 1 courgette • Huile d'olive • Gros sel • **SAUCE CHAMPAGNE** • 2 échalotes • 20 g de beurre • 30 ml de vin blanc • 250 ml de champagne • 250 ml de fumet de poisson • 250 ml de crème fraîche • 10 g de Maïzena® • Sel • **GARNITURE** • 8 tomates cerises • 4 champignons de Paris

Pour le beurre provençal

Commence par couper le beurre en cubes, mets-les dans un bol et laisse ramollir à température ambiante. Hache ensuite finement le citron confit, les olives noires, les tomates séchées, le persil et ajoute-les dans le bol avec le beurre mou. Ajoute ensuite l'ail écrasé, la chapelure, le zeste du citron jaune, du sel et du poivre. Mélange bien et ton petit beurre composé est prêt. Tu peux aussi former des boudins à l'aide d'une poche à douille, les entourer de film plastique, et conserver ton beurre provençal au frais pendant plusieurs semaines.

Pour les pickles

Épluche et émince grossièrement l'oignon rouge. Les morceaux doivent garder un peu d'épaisseur pour conserver du croquant. Verse le vinaigre dans une casserole, ajoute la cassonade, la feuille de laurier et laisse chauffer ton mélange doucement pendant 3 minutes. Place les morceaux d'oignon rouge dans un pot, verse le mélange vinaigre/cassonade chaud par-dessus et laisse reposer pendant 1 heure à température ambiante. Dès que c'est refroidi, tu peux fermer le pot et conserver tes pickles au frigo pendant plusieurs semaines.

Pour la ratatouille

Pour réaliser la ratatouille, lave tous les légumes, coupe-les en petits cubes en séparant l'oignon du reste des légumes. Fais ensuite revenir l'oignon avec la gousse d'ail écrasée pendant quelques minutes, à feu moyen, dans une casserole, •••

••• avec un filet d'huile d'olive. Déglace avec le vin blanc, laisse réduire 1 minute et ajoute les autres légumes dans la casserole. Laisse cuire à feu moyen en remuant avec une cuillère en bois pendant 5 minutes puis ajoute le coulis de tomate et le bouquet garni. Baisse un peu le feu, pose un couvercle sur ta casserole et laisse mijoter pendant une trentaine de minutes.

Pour les cannellonis de courgette
Pendant ce temps, détaille des lamelles dans ta courgette avec un économe. Fais chauffer une casserole d'eau avec une poignée de gros sel et prépare un bol rempli d'eau froide avec quelques glaçons. Une fois que l'eau bout, plonge tes lamelles de courgettes dedans et laisse-les cuire 1 minute avant de les plonger aussitôt dans l'eau glacée. L'eau froide va instantanément stopper la cuisson et fixer la chlorophylle pour que tes lamelles gardent une belle couleur. Sèche tes lamelles de courgettes, roule-les pour en faire des petits cylindres et garnis-les avec la ratatouille bien chaude.

Pour la sauce champagne
Épluche et coupe grossièrement les échalotes. Fais-les ensuite revenir dans une casserole avec le beurre, à feu moyen pendant quelques minutes. Déglace ta casserole avec le vin blanc et laisse réduire de moitié, toujours à feu moyen. Ajoute ensuite le champagne et laisse-le réduire de moitié. Ajoute le fumet de poisson et laisse réduire de moitié. Ajoute enfin la crème et laisse réduire de moitié. Termine ta sauce en ajoutant du sel, délaye un peu de Maïzena® dans un fond d'eau et verse-la dans la sauce en remuant avec un fouet pour l'épaissir. Libre à toi de passer ta sauce champagne dans une passette pour retirer les morceaux d'échalotes, tu peux aussi les garder dedans, c'est très bon.

Pour la garniture
Lave les tomates cerises et coupe-les en deux. Épluche les champignons de Paris et coupe-les en fines lamelles.

Pour la daurade
Vérifie que tes filets de daurade n'ont plus d'arêtes ni d'écailles et passe-les sous l'eau. Sèche-les avec un papier absorbant et assaisonne-les avec du sel et du poivre blanc. Dépose-les dans une poêle chaude avec un filet d'huile d'olive et laisse cuire côté peau pendant 3 minutes. Retourne-les côté chair, baisse le feu et laisse cuire de nouveau 3 minutes. Le poisson est meilleur quand il n'est pas trop cuit, juste nacré, car il garde sa fraîcheur et son onctuosité. Dès que tes filets de daurade sont cuits, dépose-les sur une assiette et ajoute une belle tranche de beurre provençal qui va fondre et nourrir la chair.

Pour le dressage
Verse quelques cuillerées de sauce champagne dans le fond d'une assiette, dépose le filet de daurade avec le beurre provençal au centre, trois cannellonis de courgette à la ratatouille aux extrémités, les tranches de champignons et les tomates cerises de part et d'autre et termine par quelques pickles.

Tsukemonos de légumes à la japonaise

Quand je vivais au Japon, j'ai découvert une autre façon de préparer les pickles. On les appelle là-bas « tsukemonos » et leur particularité, c'est qu'il n'y a pas de cuisson, pour pouvoir conserver toutes les vertus des légumes.

Dans cette recette, j'ai utilisé de la carotte, du radis noir et du chou chinois mais tu peux aussi choisir des aubergines, des navets, des oignons rouges ou des concombres par exemple, en fonction des saisons.

Préparation : 15 minutes • Repos : 12 heures

POUR 2 PERSONNES • 1 carotte • ½ radis noir • ¼ de chou chinois • **MARINADE** • 1 c. à c. de sel • 1 c. à c. de cassonade • 3 c. à s. de vinaigre de riz • **DRESSAGE** • Sésame grillé • Ciboulette fraîche • Piment d'Espelette

Lave les légumes, épluche-les (si besoin) et coupe-les en morceaux pas trop gros. Place-les dans un sac plastique, ajoute le sel, la cassonade, le vinaigre de riz et mélange bien. Chasse l'air du sac et ferme-le hermétiquement puis laisse mariner tes légumes dans un placard à l'abri de la lumière pendant une nuit (si tu prépares cette recette en été et qu'il fait vraiment chaud, laisse tes légumes mariner au frigo).

—

Le lendemain, sors tes légumes du sac, égoutte-les et presse-les bien pour retirer un maximum d'eau. Avant de servir, tu peux ajouter du sésame grillé, de la ciboulette ciselée ou du piment d'Espelette pour donner un petit peps à tes tsukemonos.

—

Tu peux les conserver pendant une dizaine de jours au réfrigérateur dans un bocal à confiture ou une boîte hermétiquement fermée et encore plus longtemps dans le sac avec la saumure vinaigrée au réfrigérateur.

Saumon fumé maison

Comme beaucoup de personnes, tu penses sans doute que faire son saumon fumé à la maison est quelque chose de compliqué, mais tu vas voir, c'est vraiment simple.

Préparation : 10 minutes • Marinade : 8 heures • Fumage : 5 heures • Repos : 12 heures

POUR 6 PERSONNES • 500 g de dos de saumon sans peau et désarêté • 500 g de gros sel • 125 g de cassonade • Quelques grains de poivre • Quelques graines de coriandre • Quelques graines de cumin • **USTENSILES** • 1 petit fumoir ou une grande boîte avec un couvercle • 1 serpentin de fumage • De la sciure fine de bois de hêtre

Pour cette recette, choisis un morceau de dos de saumon sans arêtes et sans peau.

—

Dans un bol, verse le gros sel, la cassonade et quelques grains de poivre, de coriandre et de cumin écrasés. Mélange et verse un tiers de ta préparation dans le fond d'un plat. Pose ton saumon dessus et recouvre-le avec le reste de préparation. Laisse ton saumon filmé mariner au frigo pendant une nuit.

—

Le lendemain, rince le saumon à l'eau claire et sèche-le dans un torchon propre. Pour le fumage, tu peux utiliser un petit fumoir que tu trouves pour quelques dizaines d'euros sur Internet ou même une grosse boîte avec un couvercle, ça marche aussi.

Pour la sciure, je te conseille des copeaux de bois de hêtre que tu vas mettre dans un serpentin de fumage (magasin de bricolage ou sur Internet). Allume ton serpentin, place-le dans la boîte ou le fumoir et dépose ton morceau de saumon pour un fumage de 4 à 5 heures, le temps que le serpentin se consume entièrement.

—

Quand le fumage est fini, place ton saumon fumé dans un torchon propre et laisse-le reposer au frigo pendant une douzaine d'heures pour concentrer les saveurs. Je te conseille de le découper en fines tranches et de le déguster sur des blinis avec un peu de fromage frais aux herbes et un trait de jus de citron.

Moules à la crème de chorizo

Préparation : 20 minutes • Cuisson : 15 minutes

POUR 4 PERSONNES • 3 kg de moules de bouchot • 30 g de beurre • 2 échalotes • 2 gousses d'ail • 5 cl de vin blanc • 180 g de chorizo doux • 25 cl de crème liquide • 2 c. à c. de Maïzena® • ½ botte de ciboulette • Poivre blanc

Rince tes moules à l'eau claire pour enlever le sable et les derniers bouts d'algues. Pour la cuisson, commence par faire fondre le beurre dans une casserole, ajoute les échalotes finement émincées, les gousses d'ail écrasées et laisse colorer doucement.

—

Ajoute les moules dans la casserole, mélange bien et déglace le tout avec le vin blanc. Pour apporter un peu de peps à la recette, coupe finement ton chorizo et ajoute-le aux moules dans la casserole. Recouvre ensuite avec un couvercle et laisse cuire plein pot pendant 5 minutes !

—

Dès que tes moules sont cuites, tu peux les débarrasser à l'aide d'une écumoire, les garder au chaud recouvertes d'un couvercle et verser le jus de cuisson avec la garniture dans une petite casserole. Laisse le jus réduire quelques minutes avant d'ajouter la crème et du poivre blanc. Lie ta sauce avec un peu de Maïzena®, coupe le feu, termine en ajoutant la ciboulette hachée. Il ne te reste plus qu'à déposer tes jolies moules de bouchot dans une assiette creuse, à les napper avec la sauce chorizo et crème à la ciboulette, et c'est prêt !

La focaccia de mon papa

Cette recette me vient de mon papa italien. Il a l'habitude de préparer cette focaccia le dimanche après-midi pour le dîner, et j'ai envie de vous partager ses secrets.

Préparation : 20 minutes • Repos : 3 à 4 heures • Cuisson : 18 minutes

POUR 6 PERSONNES • 5 g de sucre • 2 sachets de levure boulangère sèche • 300 g d'eau tiède • 500 g de farine T45 • 30 g d'huile d'olive • 8 g de sel • Quelques brins de romarin

Dans un bol, dépose le sucre et la levure dans l'eau tiède, laisse la préparation s'activer pendant quelques minutes. Il est important que l'eau soit tiède et pas froide pour que la levure s'active correctement.

—

Dans un saladier, tamise la farine, ajoute l'huile d'olive et mélange avec une cuillère.

—

Ajoute ensuite le sel et la levure activée dans le saladier, pétris la pâte pendant cinq bonnes minutes avec tes mains.

—

Dès que ta pâte commence à prendre du corps et qu'elle ne colle plus aux doigts, forme une boule, dépose-la dans un bol, enduis le bol et la pâte d'huile d'olive et laisse-la pousser pendant 2 heures recouverte d'un film plastique pour éviter que le dessus ne sèche. Le mieux c'est de la laisser reposer tranquillement au chaud dans la cuisine, à côté du four par exemple.

—

Au bout de 2 heures, ta pâte aura doublé de volume. Dégaze la pâte avec ton poing et étale-la sur une plaque de four huilée. Laisse-la de nouveau pousser pendant 1 à 2 heures, recouverte d'un torchon humide.

—

Préchauffe ton four à 200 °C et fais des trous dans la pâte avec tes doigts. Ajoute du sel, un trait d'huile d'olive et quelques brins de romarin puis enfourne ta focaccia pendant 15 minutes. Dès que les bords commencent à dorer, c'est prêt !

—

Tu peux la déguster en accompagnement comme du pain, ou avec de la mozzarella et de la charcuterie comme un sandwich.

Salade de magret à ma façon

La salade de magret est une de mes recettes préférées parce que l'on peut en manger toute l'année en variant les légumes en fonction des saisons.

Préparation : 20 minutes • Cuisson : 15 minutes

POUR 3 PERSONNES • 1 magret de canard • Piment d'Espelette • Herbes de Provence • Sel et poivre • **VINAIGRETTE** • 1 c. à c. de moutarde • 1 c. à c. de miel • 2 c. à s. de vinaigre de vin rouge • 5 c. à s. d'huile d'olive • 1 gousse d'ail • Sel et poivre • **SALADE COMPOSÉE** • 1 tranche de pain de mie • 3 belles poignées de mesclun • ¼ d'oignon rouge • ½ endive • 6 champignons de Paris • 1 cébette • 1 poignée de radis • 1 poignée de cerneaux de noix

Pour le magret de canard

À l'aide d'un couteau, quadrille la peau de ton magret puis assaisonne-le avec du sel, du poivre, du piment d'Espelette et des herbes de Provence.

—

Démarre la cuisson de ton magret à froid dans une poêle pour ne pas que la peau se rétracte. Fais cuire à feu doux : l'objectif est de rendre la peau bien croustillante, prends ton temps. Au bout d'une dizaine de minutes, ton magret est prêt, laisse-le reposer sur une grille.

Pour la vinaigrette

Dépose dans un bol la moutarde, le miel, le vinaigre de vin rouge, l'huile d'olive, du sel, du poivre et la gousse d'ail écrasée. Mélange bien et réserve.

Pour la salade composée

Fais revenir la tranche de pain de mie coupée en cubes dans la poêle imprégnée de graisse de canard et laisse le pain s'imbiber du gras et tes petits croûtons griller doucement pendant 4 à 5 minutes.

—

Dépose une poignée de mesclun dans un bol, des lamelles d'oignon rouge, des tranches d'endive, quelques champignons coupés en lamelles, de la cébette hachée, des radis en tranches, des cerneaux de noix écrasés et ajoute la vinaigrette à l'ail avant de mélanger doucement.

—

Découpe ton magret qui a bien reposé en fines tranches et dépose-les sur la salade avec les petits croûtons maison à la graisse de canard.

Hamburg japonais, sauce demi-glace et œuf à cheval

C'est quand je vivais au Japon que j'ai découvert le Japanese hamburg *(steak haché à la japonaise).*

Préparation : 30 minutes • Cuisson : 30 minutes

POUR 4 PERSONNES • HAMBURG JAPONAIS • 500 g de bœuf haché • 1 oignon blanc • 2 œufs • 20 g de panure • Quelques feuilles de persil • 20 g d'huile d'olive • Sel et poivre • **SAUCE DEMI-GLACE EXPRESS** • 1 échalote • 1 gousse d'ail • 10 g de sauce Worcester • 20 g de sauce soja • 1 cube de bouillon de bœuf • 150 ml d'eau • 20 g de beurre • Sel et poivre • **DRESSAGE** • 4 œufs

Pour le hamburg

Commence par déposer la viande hachée dans un plat, épluche et cisèle finement l'oignon et ajoute-le à la viande. Ajoute les œufs entiers, la panure, du persil haché, l'huile d'olive, du sel et du poivre. Mélange le tout avec des gants ou à la main pour obtenir une pâte de viande homogène. Mets un peu d'huile sur tes mains, prends une boule de viande hachée et tape-la sur ta paume pour chasser l'air et rendre la viande bien compacte. Forme alors un steak à plat sur ta main, de la taille que tu désires.

—

Fais ensuite revenir tes steaks hachés dans une poêle avec de l'huile d'olive, à feu vif, environ 4-5 minutes par face pour former une belle croûte grillée. Préchauffe ton four à 180 °C. Le hamburg japonais se mange toujours bien cuit donc, après la cuisson à la poêle, enfourne-le à 180 °C pendant 10 minutes pour terminer la cuisson.

Pour la sauce demi-glace express

Épluche et cisèle l'échalote et fais-la revenir dans la même poêle que le steak pour profiter des sucs de cuisson. Ajoute la gousse d'ail écrasée et fais revenir quelques minutes à feu moyen. Déglace ensuite avec la sauce Worcester et la sauce soja. Mouille avec le cube de bouillon de bœuf dilué dans l'eau et laisse réduire de moitié pour concentrer les saveurs. Ajoute quelques morceaux de beurre pour la liaison, du sel et du poivre, et ta petite demi-glace est prête.

Pour le dressage

Fais cuire les quatre œufs au plat. Dépose ton hamburg dans une assiette, nappe-le généreusement avec ta sauce demi-glace et termine avec un œuf au plat posé sur le dessus.

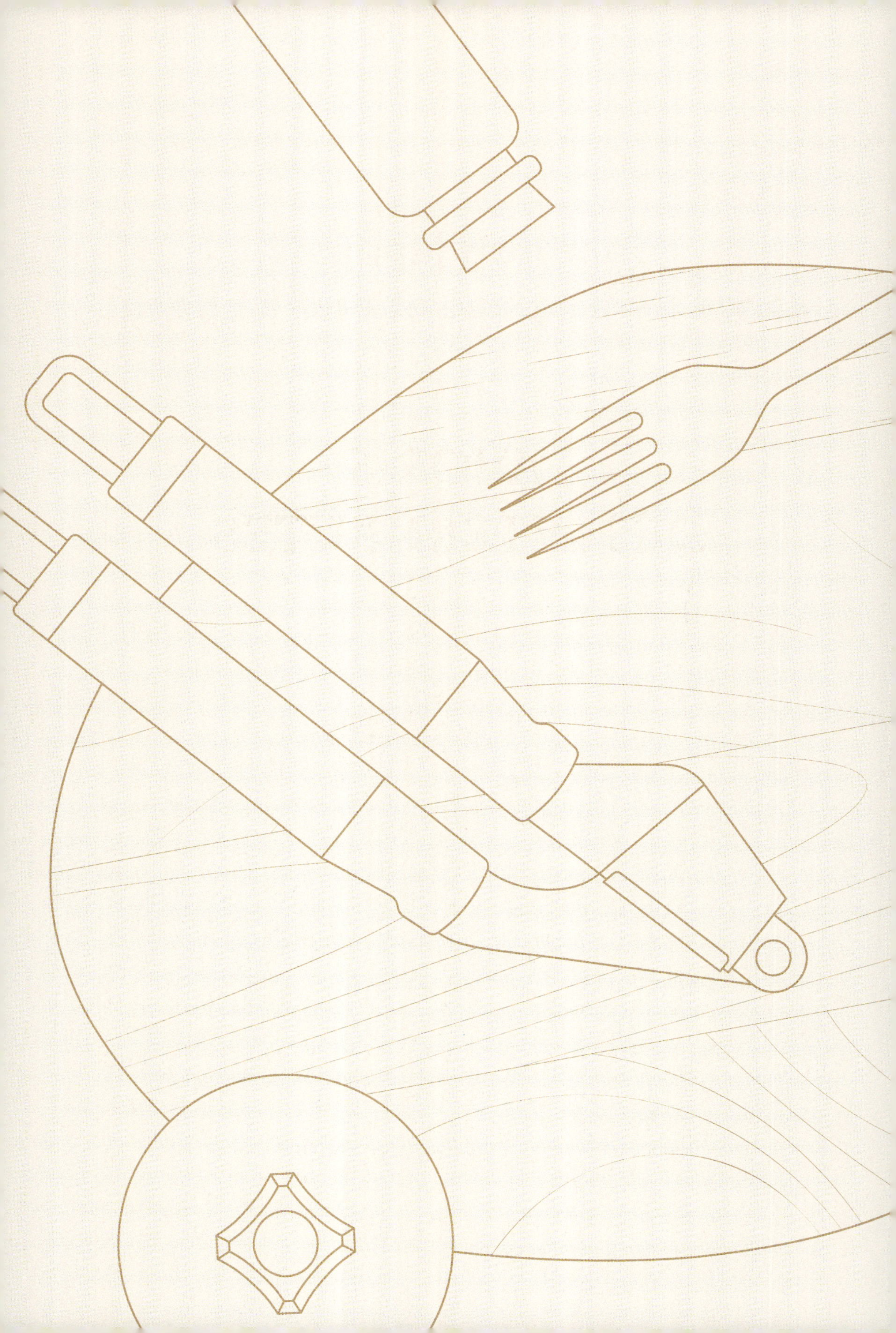

FAVORIS
DES INTERNAUTES

Épluchures d'oignon et d'ail recyclées en épices

Préparation : 20 minutes • Cuisson : 30 minutes

Peaux d'oignon blanc • Peaux d'oignon rouge • Peaux d'échalote • Peaux d'ail • Tiges de persil • Sel

Au lieu de tout le temps jeter tes épluchures d'oignons, d'échalotes et d'ail quand tu cuisines, garde-les dans un sac jusqu'à en avoir une bonne quantité. Ajoute aussi quelques tiges de persil frais qui finissent toujours par pourrir dans un coin de ta cuisine et place le tout dans un grand bol. Lave toutes ces peaux et les tiges de persil bien proprement à l'eau claire. Ensuite, sèche-les rapidement dans un torchon propre.

—

Étale ta préparation sur une plaque de four recouverte de papier sulfurisé, ajoute un peu de sel et enfourne à 100 °C pendant 30 minutes. À la sortie du four, les peaux d'oignon, d'ail, d'échalote et le persil sont bien secs. Place-les dans un mixeur pour les réduire en poudre.

—

Tu peux stocker ces épices pendant des semaines dans ta cuisine en les mettant dans des petits pots en verre hermétiques, et les utiliser sur de la viande, du poisson ou des légumes comme des épices normales, tu verras, ça donne un goût incroyable et une jolie couleur à tes plats.

Cordon bleu maison

Au lieu d'acheter tes cordons bleus au supermarché, prépare-les à la maison, c'est super simple.

Préparation : 30 minutes • Cuisson : 20 minutes

POUR 4 PERSONNES • CORDON BLEU • 4 blancs de poulet • 4 tranches de jambon • 100 g de comté • 100 g de bûche de chèvre • Huile d'olive • Farine • Sel et poivre • **PANURE** • 250 g de panure panko • 80 g de parmesan • 4 œufs entiers • 50 g de farine • **CUISSON** • 50 g d'huile de tournesol • 50 g de beurre

Pour le cordon bleu

Ouvre tes blancs de poulet en deux en portefeuille (voir p. 30). Dépose-les sur une feuille de papier sulfurisé avec un filet d'huile d'olive et aplatis-les avec une casserole en tapant dessus pour attendrir la viande et la rendre beaucoup plus fine. Assaisonne-les ensuite avec du sel et du poivre et dépose une belle tranche de jambon au centre de tes morceaux de viande. Découpe quelques tranches de comté et de bûche de chèvre et place-les sur le jambon. Étale un peu de farine sur un côté de ton cordon bleu pour aider ta viande à bien se coller et rabats l'autre côté par-dessus comme un chausson.

Pour la panure

Je te conseille d'utiliser de la panure panko, typique de la cuisine japonaise, que tu peux trouver au rayon cuisines du monde dans ton supermarché. Elle est beaucoup plus croustillante que la panure traditionnelle. Verse la panure panko dans une assiette et râpe le parmesan par-dessus, mélange. Casse ensuite tes œufs dans un bol et bats-les avec une fourchette. Badigeonne un peu de farine sur tes cordons bleus et enlève l'excédent en tapotant. Trempe-les dans les œufs battus et dépose-les enfin dans la panure panko au parmesan.

Pour la cuisson

Dépose l'huile de tournesol et le beurre dans une poêle et laisse frire ton cordon bleu doucement sur toutes les faces pendant une dizaine de minutes. C'est important de contrôler le feu pour ne pas brûler le beurre et le garder mousseux. Une fois bien dorés, débarrasse les cordons bleus sur une plaque et termine la cuisson au four préchauffé à 160 °C pendant 10 minutes.

—

Tu peux accompagner ton cordon bleu avec une petite sauce tomate bien chaude et quelques feuilles de salade verte.

Kebab maison

Préparation : 30 minutes • Marinade : 1 heure • Cuisson : 40 minutes

POUR 4 PERSONNES • 4 tortillas de blé • **KEBAB** • 400 g de blancs de poulet • 200 g d'escalope de veau • **MARINADE** • ½ oignon rouge • ½ poivron rouge • 2 gousses d'ail • 10 g de piment vert doux • Quelques feuilles de persil frais • 100 g de coulis de tomate • 50 g d'eau • 50 g d'huile de tournesol • 15 g de sauce Worcester • Paprika fumé • Sel et poivre • **SAUCE** • 100 g de mayonnaise maison (voir p. 21) • 50 g de fromage blanc • 10 g de ciboulette • ½ citron jaune • 1 c. à c. de harissa • **GARNITURE** • 2 tomates • ½ oignon rouge • ½ cébette • ½ botte de cerfeuil

Pour le kebab
Coupe en morceaux les blancs de poulet et l'escalope de veau et garde-les au frais dans un bol.

Pour la marinade
Coupe grossièrement l'oignon rouge et le poivron rouge, place-les dans un saladier et ajoute les gousses d'ail épluchées et écrasées, le piment vert, quelques feuilles de persil, le coulis de tomate, l'eau, l'huile de tournesol, la sauce Worcester, du paprika fumé, du sel et du poivre. Mixe le tout et ta petite marinade est prête.

—

Dépose ensuite tes morceaux de poulet et de veau dans un plat et recouvre-les avec ta marinade maison, mélange bien, filme et laisse mariner pendant 1 heure.

—

Une fois que ta viande a bien mariné, prépare des mini-broches à kebab en utilisant des piques à brochettes. Répartis la viande en faisant attention de ne pas te blesser et alterne entre le poulet et le veau. Place tes mini-broches dans le plat et recouvre-les avec le reste de la marinade. Mets à cuire dans le four préchauffé à 160 °C pendant 40 minutes.

Pour la sauce
Dépose la mayonnaise maison dans un bol, ajoute le fromage blanc, la ciboulette ciselée, le jus du demi-citron jaune et la harissa, mélange bien et réserve au frais.

Pour la garniture
Émince les tomates, l'oignon rouge, la cébette et le cerfeuil.

—

Sur chaque tortilla, place un peu de garniture et deux mini-broches, nappe de sauce.

Spaghettis froids, gaspacho et burrata

Préparation : 20 minutes • Cuisson : 10 minutes

POUR 4 PERSONNES • 400 g de spaghettis • 4 petites boules de burrata • Quelques croûtons (voir p. 109) • ½ botte de ciboulette • Fleur de sel • **GASPACHO** • 1 oignon rouge • 2 tomates • ½ poivron vert • ½ poivron rouge • ½ concombre • 1 gousse d'ail • 50 g d'huile d'olive • 30 g de vinaigre de vin rouge • Sel et poivre

Commence par cuire tes pâtes en respectant la règle des 10, 100, 1000 (10 g de sel, 100 g de pâtes et 1 l d'eau). Plonge tes spaghettis dans l'eau bouillante sans les casser, ça passe tout seul ! Fais cuire tes pâtes *al dente* selon les instructions du paquet. Égoutte-les et plonge-les directement dans un saladier d'eau bien froide avec quelques glaçons pour stopper la cuisson et bien les refroidir.

Pour le gaspacho

Épluche et découpe grossièrement l'oignon rouge, les deux belles tomates, les poivrons vert et rouge, ainsi que le demi-concombre pelé et écrase la gousse d'ail. Dans le bol d'un mixeur, mélange le tout, ajoute l'huile d'olive, le vinaigre de vin, du sel et du poivre. Mixe soigneusement ta préparation pour obtenir ton gaspacho express.

—

Il ne te reste plus qu'à napper le fond d'une assiette avec cette sauce, à déposer tes spaghettis froids par-dessus et à disposer une magnifique boule de burrata bien crémeuse au milieu. Ajoute quelques croûtons maison, un peu de ciboulette ciselée, dépose un peu de fleur de sel sur la burrata et verse un beau filet d'huile d'olive sur la préparation. Voilà une belle assiette !

Minishot grenade-betterave

Préparation : 15 minutes

POUR UNE QUINZAINE DE PETITS SHOTS

• 15 g de gingembre frais • 1 pomme • 250 g de graines de grenade (soit 2 grenades entières) • 40 g de betterave crue • 1 citron jaune • 1 citron vert • 5 feuilles de basilic • 50 cl de jus de raisin rouge • 10 g de miel

Commence par gratter le morceau de gingembre avec une cuillère pour enlever la peau. Coupe-le en morceaux et place-les dans le bol d'un mixeur. Coupe la pomme en deux, retire le centre et les pépins, coupe-la en morceaux et ajoute-les au gingembre. Pour la grenade, tu peux l'acheter entière et fraîche ou directement en graines. Tu auras besoin de 250 g de graines de grenade que tu vas ajouter dans le bol du mixeur. Ajoute ensuite au reste des ingrédients : la betterave coupée en morceaux, le jus du citron jaune et du citron vert, quelques feuilles de basilic frais, environ un demi-litre de jus de raisin rouge et le miel.

—

Mixe ce joli mélange et filtre-le à l'aide d'une passoire pour obtenir vraiment un jus et pas de la purée à boire. Tu peux remplir des petits tubes en verre avec ce jus maison et les placer au frigo. Ils se conservent très bien pendant une dizaine de jours, et tu peux en boire un petit shot tous les matins.

Poisson pané maison et sauce tartare à l'avocat

Préparation : 40 minutes • Cuisson : 20 minutes

POUR 4 PERSONNES • POISSON PANÉ • 600 g de lieu noir • 50 g de farine • 2 œufs • 30 ml de lait • 200 g de panure de pain fine • 50 g de beurre • 50 g d'huile de tournesol • Sel et poivre **• SAUCE TARTARE À L'AVOCAT** • 2 œufs • 1 c. à c. de moutarde • 1 c. à c. de vinaigre de cidre • 150 g d'huile de tournesol • 30 g de cornichons • Quelques feuilles de persil • ½ avocat • ½ citron jaune • Sel et poivre

Pour le poisson pané
Pour le poisson utilisé dans cette recette, j'ai choisi du dos de lieu noir mais le merlan ou le colin sont très bien aussi.

—

Commence par détailler tes morceaux de poisson en bâtonnets de taille moyenne. Assaisonne-les avec du sel et du poivre et saupoudre-les d'un peu de farine. Casse les œufs dans un bol, ajoute du sel, du poivre et le lait, bats-les et recouvre tes bâtonnets de poisson avec ce mélange. Dépose ensuite la panure par-dessus et c'est tout. Fais cuire tes bâtonnets de poisson dans un mélange beurre et huile de tournesol 4 à 5 minutes par face à feu moyen pour qu'ils soient bien grillés.

—

Dès qu'ils sont cuits, dépose-les sur un papier sulfurisé et garde-les au chaud dans ton four préchauffé à 80 °C.

Pour la sauce tartare à l'avocat
Démarre la cuisson des œufs durs dans de l'eau vinaigrée. Laisse-les bouillir pendant 10 minutes. Une fois cuits, passe tes œufs sous l'eau froide, écale-les et sépare le jaune du blanc. Dépose les jaunes dans un bol, écrase-les, ajoute la cuillerée de moutarde, le vinaigre et monte une mayonnaise classique au fouet en incorporant l'huile de tournesol petit à petit. Dès que ta mayo est bien épaisse, ajoute les blancs d'œufs hachés, les cornichons et du persil hachés, le demi-avocat découpé en petits cubes, le jus du demi-citron jaune, du sel, du poivre, et mélange bien.

—

Dresse ton poisson pané bien chaud sur l'assiette, avec la sauce tartare à côté et accompagne d'une petite salade.

Papillotes de saumon

Préparation : 25 minutes • Cuisson : 20 minutes

POUR 4 PERSONNES • PAPILLOTES DE SAUMON • 750 g de saumon frais • 200 g de haricots verts • 8 tranches de bacon fumé • 200 g de champignons de Paris • 150 g d'épinards • Sel et poivre **• SAUCE AUX TOMATES CONFITES** • 60 g de tomates séchées • 1 gousse d'ail • 2 c. à c. de câpres • 2 filets d'anchois • ⅓ de botte de ciboulette ciselée • 1 citron jaune • 60 g d'huile d'olive • Sel, poivre et piment d'Espelette

Pour la sauce aux tomates confites
Coupe grossièrement les tomates séchées, dépose-les dans le bol d'un mixeur, ajoute la gousse d'ail épluchée et écrasée, les câpres, les filets d'anchois, la ciboulette ciselée, le jus du citron jaune et mixe le tout grossièrement pour qu'il reste des petits morceaux. Ajoute ensuite l'huile d'olive, du sel, du poivre, du piment d'Espelette et ta petite sauce est prête.

Pour les papillotes de saumon
Choisis un beau pavé de saumon, coupe quatre morceaux de 180 g environ et assaisonne-les avec du sel et du poivre.

—

Pour la garniture, place quelques haricots verts entre des tranches de bacon fumé pour en faire des fagots. Taille finement les champignons de Paris et lave les feuilles d'épinard frais. Pour la papillote, ne mets jamais l'aluminium en contact direct avec ta nourriture, ce n'est vraiment pas recommandé, dépose une feuille de papier sulfurisé sur l'alu pour protéger.

—

Préchauffe le four à 200 °C.

—

Pour le montage, déchire quelques feuilles d'épinard et dépose-les sur le papier sulfurisé pour faire la base. Dépose ensuite les lamelles de champignons de Paris par-dessus, le beau morceau de saumon assaisonné, les petits fagots de haricots de chaque côté et, bien sûr, ta magnifique sauce aux tomates confites qui nappe bien le tout. Referme ensuite ta papillote pour qu'elle soit bien hermétique sans tout écraser et enfourne pour 20 minutes. Une fois sorties du four, tu n'as plus qu'à ouvrir tes papillotes pour admirer le travail et à les accompagner avec un peu de riz et le reste de sauce.

Minishot menthe-citron-gingembre

Si, comme moi, tu as du mal à manger le matin et qu'une boisson passe mieux, ce petit jus « shot » est l'astuce parfaite pour te donner un bon coup de boost dès le réveil !

Préparation : 15 minutes • Cuisson : 5 minutes

POUR UNE QUINZAINE DE PETITS SHOTS

• 40 g de gingembre frais • 1 tige de citronnelle fraîche • ½ botte de menthe • 2 citrons jaunes • 1 citron vert • 400 g d'ananas frais (ou congelé) • 1 verre d'eau • 50 g de miel • 1 branche de thym • 1 pincée de badiane • 5 grains de poivre rose

Commence par gratter la racine de gingembre avec une cuillère pour enlever la peau. Coupe-la en morceaux et place-les dans le bol d'un mixeur. Coupe grossièrement la tige de citronnelle et ajoute-la dans le mixeur. Répète l'opération avec la demi-botte de menthe, en utilisant les feuilles et les tiges. Passe ensuite les citrons jaunes et le citron vert au presse-agrume pour en retirer le jus et ajoute-le dans le bol du mixeur. Mixe bien le tout et réserve. Mets ensuite les morceaux d'ananas épluché dans un récipient, ajoute un verre d'eau et mixe à l'aide d'un mixeur plongeant pour obtenir une purée de fruit.

—

Verse le mélange gingembre, citronnelle, menthe et citrons mixés dans une casserole, ajoute la purée d'ananas, choisis un beau miel de lavande ou de romarin et déposes-en quelques cuillerées dans la casserole. Pose ta casserole sur le feu, ajoute le thym, la badiane et les grains de poivre rose. Laisse chauffer très doucement ton mélange pendant quelques minutes pour que les éléments infusent et que le miel fonde, mais sans faire cuire. Passe ton mélange dans une passoire en pressant bien pour faire sortir le jus et laisse refroidir.

—

Pour le conserver, je remplis des petits tubes en verre avec ce jus maison que je place au frigo. Ça se conserve très bien pendant une dizaine de jours, et tu peux en boire un petit shot tous les matins.

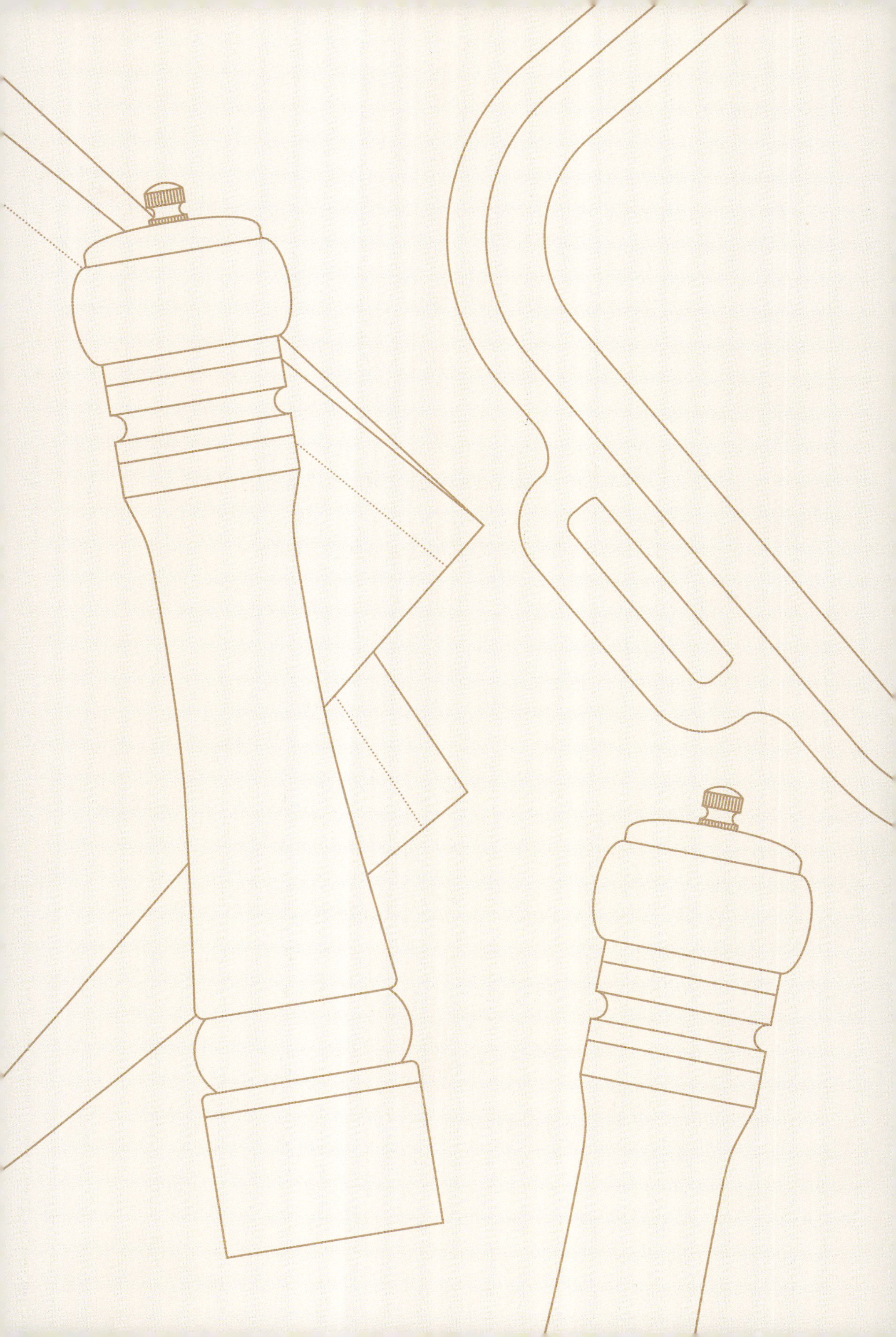

RECETTES FACILES ET À PARTAGER

Gratin de cannellonis aux 4 fromages

Préparation : 30 minutes • Cuisson : 45 minutes

POUR 4 PERSONNES • 1 paquet de 250 g de cannellonis sans précuisson • **BÉCHAMEL** • 40 g de beurre • 40 g de farine • 50 cl de lait • Sel et poivre • **FARCE AU FROMAGE** • 50 g de poitrine fumée (ou de lardons) • 1 oignon blanc • 2 gousses d'ail • 200 g de viande de bœuf hachée • 1 petit verre de vin blanc • 50 g de comté • 50 g d'emmental • 30 g de parmesan • ½ bûche de chèvre de 100 g • **MONTAGE** • 500 g de coulis de tomate • 50 g de comté • 20 g de parmesan • **USTENSILE** • 1 poche à douille

Pour la béchamel

Dans une casserole, fais fondre le beurre. Ajoute la farine et laisse cuire quelques minutes à feu moyen jusqu'à blanchiment. Verse ensuite le lait dans ta casserole, baisse un peu le feu et laisse cuire ta préparation doucement en mélangeant avec un fouet. Le lait va épaissir petit à petit grâce à la farine jusqu'à donner une béchamel parfaite. Assaisonne en sel et poivre et laisse refroidir.

Pour la farce au fromage

Fais revenir quelques morceaux de poitrine fumée ou des lardons dans une poêle chaude, ajoute l'oignon blanc épluché et ciselé, les gousses d'ail hachées et laisse colorer quelques minutes à feu vif. Ajoute la viande hachée dans ta poêle, écrase bien avec une spatule en bois pour ne pas avoir de gros morceaux. Déglace ta préparation avec un petit verre de vin blanc et laisse cuire encore quelques minutes.

—

Verse ensuite ta béchamel refroidie dans un bol, ajoute la préparation de viande hachée aux oignons et enfin les quatre sortes de fromages coupés en morceaux : comté, emmental, parmesan et la demi-bûche de chèvre. Mélange bien et dépose cette farce au fromage dans une poche à douille.

Pour le montage

Dépose un peu de coulis de tomate dans le fond d'un plat à gratin. Prends tes cannellonis dans une main, bouche l'une des extrémités avec ton pouce et remplis-les de farce facilement grâce à la poche à douille. Dépose-les au fur et à mesure dans le plat, ajoute le reste de farce sur les côtés, un petit peu d'emmental et de parmesan râpé sur le dessus pour finir et ça part au four à 180 °C pendant 30 minutes. Et je ne te raconte pas les odeurs quand ton plat sortira du four !

Mini-Tatins aux échalotes confites

L'idée de cette recette est de reprendre le principe de la tarte Tatin en la déclinant dans une version salée avec des échalotes.

Préparation : 20 minutes • Cuisson : 40 minutes

POUR 4 PERSONNES • 8 échalotes • 1 pâte feuilletée ronde • **MARINADE** • 4 c. à c. d'huile d'olive • 4 c. à c. de vinaigre balsamique • 40 g de miel • 1 pincée de thym séché • Sel et poivre • **USTENSILE** • Cercle de pâtisserie de 11,5 cm de diamètre

Épluche tes échalotes et coupe-les en deux dans la longueur.

Pour la marinade
Dépose l'huile d'olive, le vinaigre balsamique, le miel, le thym séché, du sel et du poivre dans un bol. Mélange avec une cuillère. Étale ta marinade sur une plaque de four recouverte de papier sulfurisé. Dépose tes échalotes coupées sur la plaque en quatre petits tas espacés.

—

Enfourne à 160 °C pendant 20 minutes.

—

Pendant ce temps, découpe dans ta pâte feuilletée quatre disques de pâte avec un cercle de pâtisserie (tu peux aussi utiliser un bol pour détailler les disques de pâte feuilletée).

—

Sors tes échalotes du four et recouvre-les avec les disques de pâte feuilletée. Tu peux aussi récupérer l'excédent de marinade qui reste sur le papier sulfurisé avec un pinceau de cuisine et le badigeonner sur tes morceaux de pâte feuilletée pour ne rien gâcher.

—

Enfourne tes Tatins à 180 °C pendant 20 minutes.

—

Une fois cuites, retourne-les comme une Tatin aux pommes classique et déguste-les, chaudes ou froides, avec une petite salade verte et du jambon cru.

Lasagnes de saumon à la crème de butternut

Préparation : 30 minutes • Cuisson : 1 heure 30

POUR 6 PERSONNES • 400 g de saumon frais • 1 paquet de pâtes à lasagnes sèches sans précuisson • 1 botte de pousses d'épinard • 60 g d'emmental • Sel et poivre • **CRÈME DE COURGE** • ½ butternut • 3 gousses d'ail • 50 g de beurre • 50 g de farine • 50 cl de lait • 20 cl de crème liquide • Huile d'olive • Sel et poivre

Préchauffe le four à 180 °C. Prends le demi-butternut, retire les graines au centre, assaisonne avec du sel, du poivre, un trait d'huile d'olive et les gousses d'ail entières épluchées. Dépose le tout sur une plaque puis enfourne pour 1 heure. Pendant ce temps, fais fondre le beurre dans une casserole, ajoute la farine dans le beurre fondu, mélange et laisse cuire 2-3 minutes à feu moyen. Verse ensuite le lait dans la casserole et laisse la farine épaissir ton mélange sans cesser de mélanger avec un fouet pendant environ 5 minutes. Il ne te reste plus qu'à rectifier l'assaisonnement et à réserver ta béchamel. Dès que le butternut sort du four, enlève la chair rôtie et dépose-la avec les gousses d'ail dans un grand bol. Ajoute la crème liquide et mixe jusqu'à obtenir une crème de butternut bien lisse. Verse-la ensuite dans ta béchamel, mélange bien et c'est prêt !

—

Préchauffe le four à 200 °C. Découpe le pavé de saumon en fines tranches avec ton couteau et assaisonne-les avec du sel et du poivre. Verse ensuite une louche de ta béchamel au butternut dans le fond d'un plat à gratin, dispose quelques plaques de lasagnes au-dessus, puis des tranches de saumon cru, ajoute quelques feuilles d'épinard, et recommence l'opération jusqu'en haut du plat. Termine en saupoudrant d'emmental râpé sur le dessus. Enfourne ensuite pour 30 minutes.

—

À déguster bien chaud accompagné d'une petite salade. Même réchauffé le lendemain ou deux jours après, c'est toujours aussi bon !

Tarte aux poireaux

La saison des poireaux, c'est super mais on ne sait jamais quoi faire avec le vert et, souvent, il finit à la poubelle. Alors je vais te montrer ma technique toute simple pour le recycler facilement dans une recette.

Préparation : 40 minutes • Cuisson : 40 minutes

POUR 4 PERSONNES • 3 blancs de poireaux • 1 pâte feuilletée • 150 g de tranches de lard fumé • 2 œufs • 50 ml de crème • Sel et poivre • **PISTOU DE VERT DE POIREAU** • 3 verts de poireaux • 2 gousses d'ail • ½ citron jaune • 50 g de parmesan • 1 tranche de pain dur • 50 g d'huile d'olive • Sel et poivre

Pour le pistou de vert de poireau

Émince le vert de tes poireaux au couteau et lave-le à l'eau claire. Fais-le bouillir 3-4 minutes dans de l'eau bouillante salée et débarrasse-le dans de l'eau glacée immédiatement après cuisson pour fixer la chlorophylle et stopper la cuisson. Mets ce vert de poireau bouilli dans le bol d'un mixeur avec les gousses d'ail épluchées et écrasées, le jus du demi-citron jaune, le parmesan en morceaux, des croûtons ou du pain dur, du sel, du poivre et l'huile d'olive. Mixe bien finement ton mélange pour obtenir un petit pistou au vert de poireau juste incroyable !

Pour la tarte aux poireaux

Coupe le blanc de tes poireaux en tronçons puis recoupe-les en deux dans la longueur.

—

Préchauffe le four à 180 °C.

—

Dépose la pâte feuilletée dans un plat à tarte et badigeonne le fond de la tarte avec ton pistou de poireau. Tapisse la pâte feuilletée de belles tranches de lard fumé et dépose ensuite tes demi-fagots de blanc de poireau joliment par-dessus. Redonne un petit coup de ton pistou au pinceau sur le dessus, puis bats les œufs avec la crème et verse ce mélange sur ta tarte pour que plus rien ne bouge. Enfourne pour 40 minutes et, à la sortie du four, laisse ta tarte reposer quelques minutes avant de la déguster.

Macaronis au jambon et trois fromages

Temps de préparation : 20 minutes • Temps de cuisson : 15 minutes

POUR 4 PERSONNES • 500 g de macaronis • 35 g de beurre • 35 g de farine • 50 cl de lait • 100 g de fromage à raclette • 100 g d'emmental • 200 g de jambon • 80 g de parmesan • Sel et poivre

Commence par faire fondre le beurre dans une casserole. Ajoute ensuite la farine dans le beurre fondu et mélange avec une spatule pour former un roux. Laisse cuire 1 à 2 minutes avant d'ajouter le lait dans ta casserole.

—

Règle le feu sur une intensité moyenne et laisse le lait épaissir doucement sans cesser de mélanger avec un fouet. Dès que ta béchamel commence à épaissir, ajoute les macaronis et laisse cuire doucement pendant 10 minutes.

Découpe en petits cubes le fromage à raclette, incorpore-les à ta béchamel et ajoute l'emmental râpé. Mélange bien, ajoute un peu d'eau si ta béchamel est trop épaisse et assaisonne avec du sel et du poivre. N'hésite pas à goûter tes pâtes pour t'assurer qu'elles sont cuites. Verse tes macaronis bien chauds dans une assiette, dépose le jambon coupé en lamelles par-dessus et termine avec une bonne dose de parmesan râpé.

Boulettes de bœuf cœur coulant et sauce tomate

Préparation : 40 minutes • Cuisson : 20 minutes

POUR 3 PERSONNES • BOULETTES DE BŒUF • 400 g de viande hachée de bœuf • ½ oignon rouge • 1 gousse d'ail • 2 œufs • 25 g de panure fine de pain • 1 filet d'huile d'olive • 100 g de mozzarella • Quelques feuilles de persil frais • Herbes de Provence • Huile de tournesol • Sel et poivre • **SAUCE TOMATE** • 1 échalote • 1 gousse d'ail • 20 ml de vin rouge • 30 cl de coulis de tomate • 1 c. à s. de cassonade • Sel et poivre • **FINITION** • 3 tranches d'emmental • ½ cébette • Quelques brins de persil

Pour les boulettes

Dépose la viande hachée de bœuf dans un plat. Épluche et hache l'oignon rouge bien finement et ajoute-le à la viande. Ajoute aussi la gousse d'ail écrasée, quelques feuilles de persil hachées, les œufs, la panure, du sel, du poivre, des herbes de Provence et de l'huile d'olive. Malaxe bien cette préparation avec tes mains pour obtenir une texture homogène. Forme une boulette de viande d'environ 60-70 g, fais un trou au centre, dépose un morceau de mozzarella dedans et referme la viande sur elle-même pour réaliser une jolie boulette au cœur de mozza. Répète l'opération avec toute la viande et quand toutes tes boulettes sont prêtes, fais-les cuire dans une poêle dans un fond d'huile de tournesol, pas trop fort, environ 5 minutes par face pour laisser une petite croûte grillée se former. Réserve.

Pour la sauce tomate

Fais revenir l'échalote et l'ail épluchés et ciselés dans la poêle qui a servi à cuire la viande pour profiter de tous les sucs de cuisson. Déglace avec le vin rouge, ajoute le coulis de tomate, du sel, du poivre et la cassonade. Mélange bien et plonge tes boulettes de bœuf dans la sauce.

Pour la finition

Préchauffe le four à 200 °C. Ajoute dans la poêle les tranches d'emmental et enfourne en position gril pendant 10 minutes. Hors du four, ajoute un peu de persil haché et de la cébette ciselée pour décorer.

Tarte à la tomate retournée et burrata crémeuse

Pour changer un peu des salades tomates-mozza et des classiques tartes à la tomate, je te présente une variante simple et super bonne à préparer en été.

Préparation : 25 minutes • Cuisson : 35 minutes

POUR 6 PERSONNES • 1 rouleau de pâte feuilletée • Quelques tomates colorées (comptez 1 tomate par personne) • 1 oignon rouge • 1 burrata crémeuse • Huile d'olive • Vinaigre balsamique • Cassonade • Sel, poivre et piment d'Espelette • **SAUCE** • 1 bouquet de basilic frais • 2 à 3 gousses d'ail • 1 poignée de pignons de pin grillés • 40 g de parmesan râpé • 50 g d'huile d'olive • Sel, poivre et piment d'Espelette • **USTENSILE** • 1 plat à tarte de 24 cm de diamètre

Commence par couper les tomates en rondelles bien épaisses, c'est important car elles vont perdre de l'eau et leur volume va diminuer à la cuisson.

—

Dans le fond de ton plat à tarte, verse de l'huile d'olive, du vinaigre balsamique, de la cassonade, du sel, du poivre et du piment d'Espelette. Dépose tes rondelles de tomates par-dessus en veillant à combler les trous, termine avec quelques lamelles d'oignon rouge. Enfourne à 180 °C pendant 15 minutes.

Pour la sauce

Pendant que la tarte cuit, dépose dans un bol les feuilles de basilic lavées, les gousses d'ail épluchées, les pignons de pin grillés, le parmesan, l'huile d'olive, du sel, du poivre et du piment d'Espelette. Mixe le tout et réserve la sauce.

—

Dès que tes tomates sont confites, sors-les du four, badigeonne-les au pinceau avec ta sauce basilic-piment d'Espelette. Recouvre les tomates avec la pâte feuilletée en appuyant bien sur les bords. Enfourne de nouveau à 180 °C pour 20 minutes.

—

Dès que c'est prêt, laisse ta tarte reposer quelques minutes avant de la démouler en la retournant dans une assiette. Laisse refroidir avant de déposer une généreuse burrata crémeuse au milieu de ta tarte et accompagne d'une petite salade, tu vas te régaler !

Gratin dauphinois à ma façon

Préparation : 30 minutes • Cuisson : 50 minutes

POUR 6 PERSONNES • 1 kg de pommes de terre • 50 cl de lait • 50 cl de crème liquide • 100 g de lardons • 1 oignon • 1 gousse d'ail • 50 g de beurre • 50 g de comté • 100 g de reblochon • Sel et poivre

Commence par éplucher les pommes de terre et coupe-les en tranches à la mandoline ou à l'aide d'un économe. Elles ne doivent être ni trop épaisses ni trop fines, environ 3 mm d'épaisseur. Mets-les dans une casserole, ajoute le lait et la crème, assaisonne avec du sel et du poivre, et hop ! sur le feu. La crème et le lait vont commencer à chauffer. Remue de temps en temps avec une cuillère et fais bien attention que le mélange ne déborde pas. Laisse les patates cuire pendant une vingtaine de minutes à feu doux.

—

Pendant ce temps, saisis les lardons dans une poêle bien chaude. Ajoute ensuite l'oignon épluché et émincé, la gousse d'ail épluchée et écrasée et laisse colorer doucement. Dépose le mélange lardons, ail et oignon dans la casserole avec les pommes de terre, ajoute quelques morceaux de beurre, râpe une bonne dose de comté par-dessus et remue avec une cuillère en bois. Laisse cuire environ 5 minutes. Il ne te reste plus qu'à déposer cette merveilleuse mixture dans un plat à gratin et à ajouter quelques belles tranches de reblochon par-dessus.

—

Enfourne dans un four préchauffé à 180 °C pour 30 minutes. Laisse reposer ton gratin quelques minutes à la sortie du four avant de le déguster accompagné d'une petite salade. Et réchauffé le lendemain, c'est encore meilleur !

Spaghettis à la crème de poireaux

Préparation : 15 minutes • Cuisson : 15 minutes

POUR 4 PERSONNES • 2 poireaux • 400 g de spaghettis • **SAUCE CRÉMEUSE** • 30 g de beurre • 1 gousse d'ail • 200 g de lardons • 33 cl de crème liquide • Sel et poivre noir • **DRESSAGE** • 60 g de parmesan • 4 jaunes d'œufs

Coupe tes poireaux en deux, réserve le vert et émince finement le blanc avec un couteau. Récupère ensuite le vert et taille de fines lamelles dans la longueur comme une julienne (voir p. 28). Lave le blanc et le vert plusieurs fois à l'eau claire car c'est un peu terreux puis plonge le vert dans de l'eau bouillante salée pendant 2 minutes. Débarrasse tes tagliatelles de poireaux dans de l'eau glacée pour fixer la couleur et réserve-les.

Pour la sauce crémeuse

Laisse fondre le beurre dans une poêle et fais-y revenir le blanc des poireaux émincés avec la gousse d'ail épluchée et écrasée, 3-4 minutes à feu moyen, histoire de les saisir rapidement. Réserve et fais revenir les lardons dans la même poêle à feu vif. Dès qu'ils sont bien grillés, ajoute ta fondue de poireaux aux lardons, la crème liquide, un peu de poivre et au bout de quelques minutes de cuisson, ta sauce est prête.

—

Fais cuire tes spaghettis dans de l'eau bouillante salée selon les instructions du paquet. Lorsqu'ils sont *al dente*, débarrasse-les dans ta sauce crémeuse. Ajoute un peu d'eau de cuisson des pâtes pour lier ta sauce et terminer la cuisson, puis coupe le feu, ajoute les tagliatelles de vert de poireaux dans ta poêle et mélange bien.

—

Dépose tes spaghettis dans une assiette, nappe avec le reste de sauce, ajoute un peu de parmesan râpé et un jaune d'œuf frais sur le dessus pour finir.

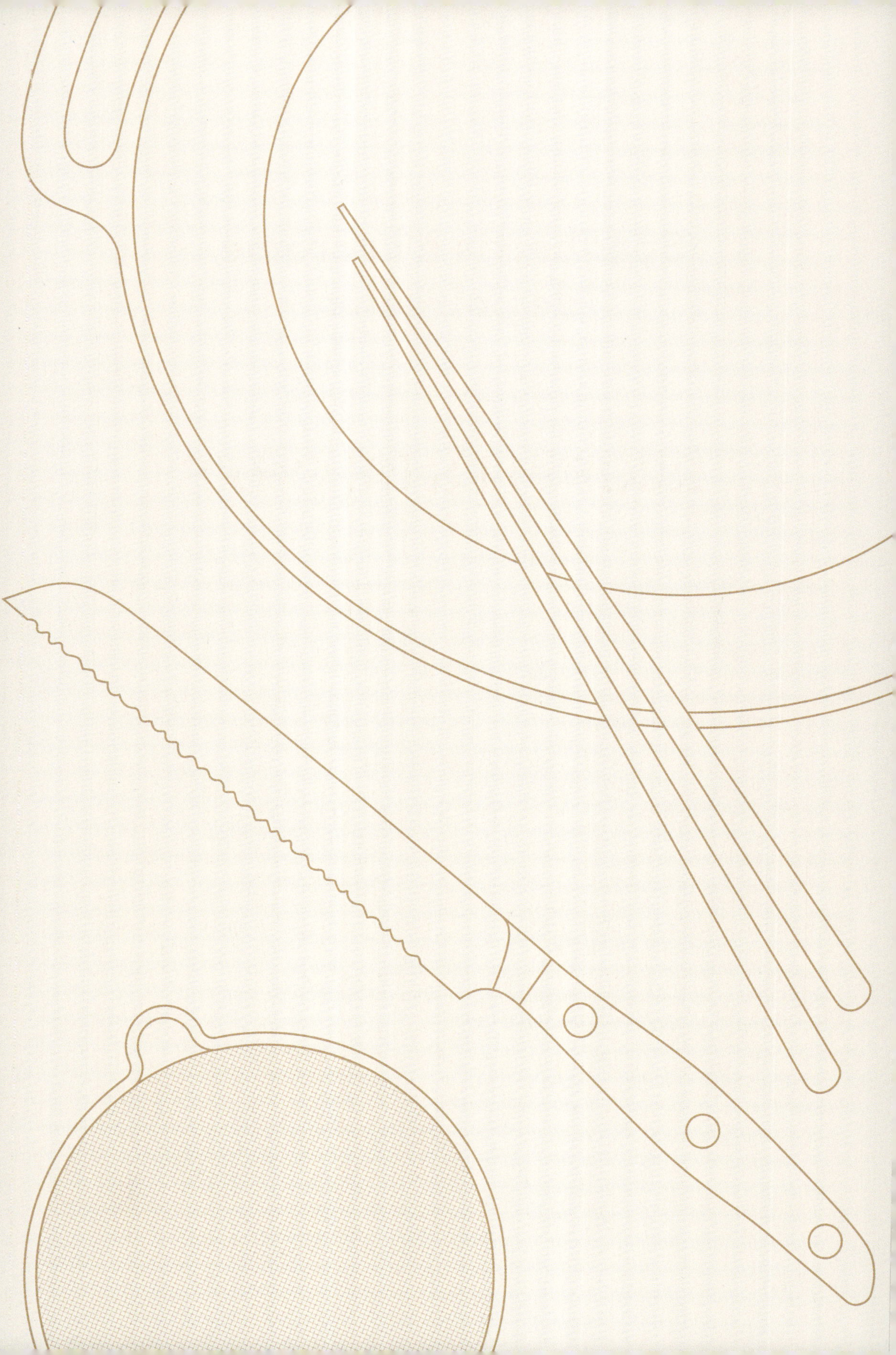

RECETTES DE CHEF

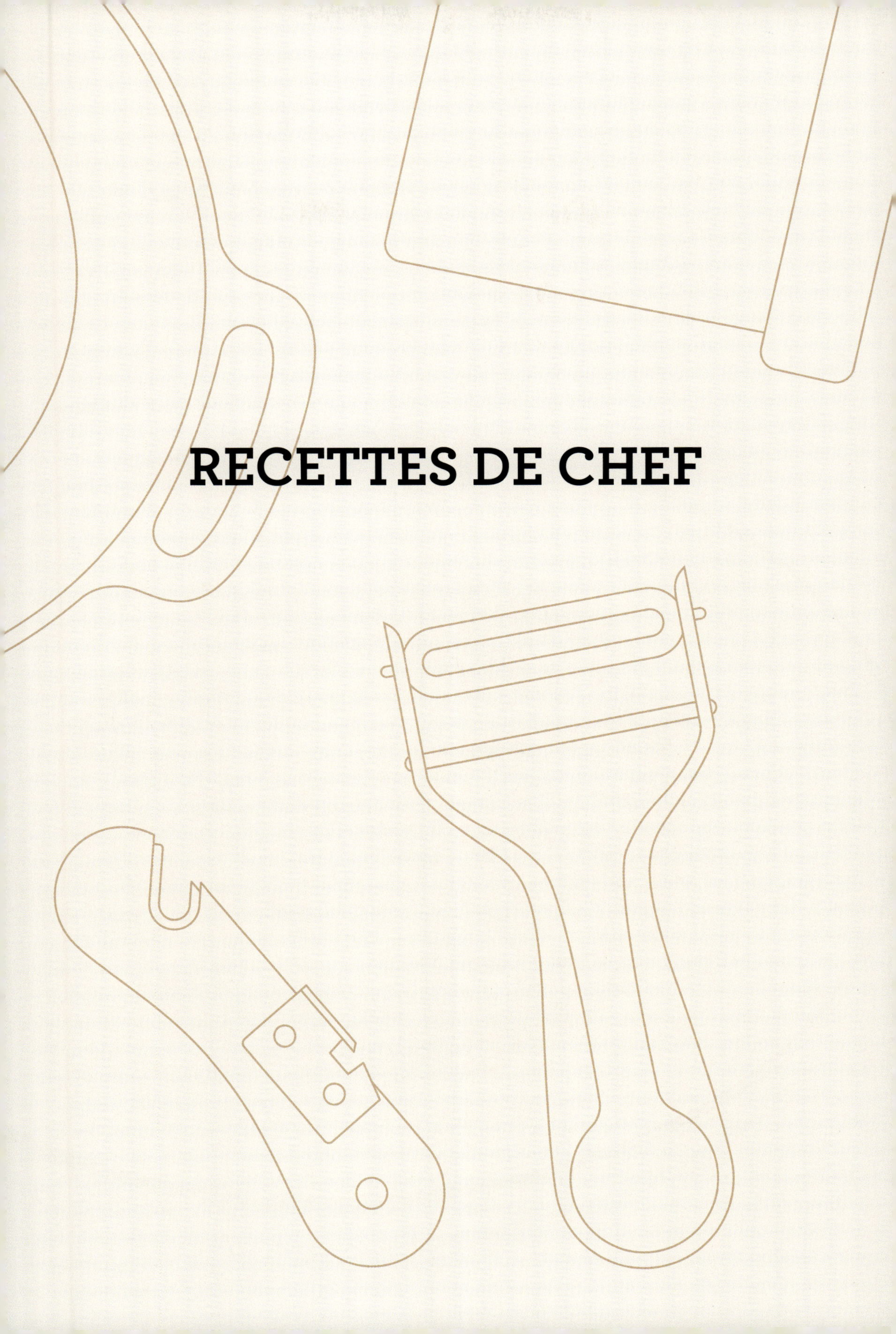

Tartare de bavette de bœuf

Temps de préparation : 20 minutes

POUR 1 PERSONNE • 180 g de bavette de bœuf • ½ échalote • ½ cébette • Quelques feuilles de persil • 3-4 cornichons • 1 c. à s. de câpres • 20 g de cacahuètes grillées • **SAUCE** • 1 jaune d'œuf + 1 pour servir • 1 c. à c. de moutarde • 2 c. à s. d'huile d'olive • 1 c. à s. de sauce Worcester • 1 c. à s. de mayonnaise (voir p. 21) • Quelques gouttes de Tabasco® • Sel et poivre

Commence par tailler ta bavette à l'aide d'un bon couteau, d'abord dans le sens des fibres puis dans l'autre sens mais sans en faire de la purée, c'est super important. Dépose ensuite ta bavette coupée dans un bol et cisèle finement la demi-échalote épluchée. Coupe un peu de cébette, hache quelques feuilles de persil, les cornichons, les câpres et une poignée de cacahuètes grillées pour le croquant. Ajoute le tout dans le bol avec la viande, mélange bien et réserve au frais.

Pour la sauce
Dépose un jaune d'œuf dans un bol, ajoute la moutarde, l'huile d'olive, la sauce Worcester, du Tabasco®, du sel, du poivre et la mayonnaise. Mélange bien et verse ta sauce dans le bol avec la viande et tous les condiments.

Pour le dressage
Je te conseille de te servir d'un cercle de pâtisserie, c'est beaucoup plus joli. Ajoute (si tu veux) un jaune d'œuf sur le tartare et c'est prêt. Agrémente ton tartare d'une salade et de quelques frites maison, ce sera parfait !

Tataki de thon au sésame

Préparation : 15 minutes • Cuisson : 5 minutes

POUR 4 PERSONNES • 4 morceaux de 150 g de thon rouge • 2 c. à s. de sésame blond grillé • 2 c. à s. de sésame noir grillé • 1 bouquet de cerfeuil frais • Huile de sésame • **SAUCE VINAIGRETTE** • 1 citron jaune • 1 citron vert • 10 g de gingembre frais • 4 c. à s. de sauce soja • 2 c. à s. d'huile de sésame • 1 c. à s. de ponzu (facultatif – tu peux le trouver au rayon cuisines du monde de ton supermarché)

Pour le tataki de thon

Étale un peu d'huile de sésame sur tes pavés de thon. Snacke tes morceaux de thon dans une poêle bien chaude juste 1 à 2 minutes sur chaque face de manière à former une jolie croûte mais en gardant le centre cru.

—

Laisse ensuite tes morceaux de thon refroidir.

Pour la vinaigrette

Presse le jus du citron jaune et du citron vert dans un bol, ajoute le gingembre frais écrasé, la sauce soja, l'huile de sésame et le ponzu.

—

Trempe ensuite tes morceaux de thon dans cette sauce, et recouvre-les de sésame blond et noir que tu auras fait torréfier 5 à 10 minutes au four ou à la poêle.

Dressage

Découpe des tranches au couteau dans ton poisson, dispose-les sur une assiette, ajoute encore un peu de sauce, quelques feuilles de cerfeuil frais et déguste avec un bol de riz blanc.

Carpaccio de magret

Préparation : 20 minutes • Cuisson : 10 minutes

POUR 4 PERSONNES • 2 magrets de canard • Sel et poivre • **VINAIGRETTE** • 2 gousses d'ail • ½ oignon • 1 citron jaune • 50 g d'huile d'olive • 20 g de vinaigre balsamique • 10 g de miel de fleurs • Sel et poivre • **GARNITURE** • 4 champignons de Paris • 1 carotte • ½ oignon rouge • 2 cébettes • ½ botte de ciboulette

Commence par essuyer tes magrets de canard à l'aide de papier absorbant et quadrille la peau doucement avec la pointe de ton couteau. Cela évite que ton canard se rétracte à la cuisson. Assaisonne-le de sel et de poivre. Fais-le cuire à la poêle, côté peau, départ à froid. Laisse le magret cuire 5 bonnes minutes, à feu moyen, cela permet à la peau de relâcher son gras et de devenir super croustillante.

—

Retourne ensuite ton magret et snacke-le une à deux minutes côté chair dans le gras libéré par la peau.

—

Découpe ton magret en fines tranches, dépose-les entre deux feuilles de papier sulfurisé, et aplatis-les sur le dessus avec une casserole. Il faut qu'elles soient bien fines, comme pour un carpaccio. Dépose ensuite les tranches bien à plat sur une assiette.

Pour la vinaigrette

Épluche et hache l'ail et l'oignon, récupère le jus du citron. Prépare une sauce vinaigrette avec l'ail, l'oignon, l'huile d'olive, le jus de citron, le vinaigre balsamique, le miel, du sel et du poivre. Dépose une bonne quantité sur ton magret pour que la viande s'imbibe de sauce et continue de cuire grâce au citron.

Pour la garniture

Tu peux vraiment varier en fonction des saisons. Pour moi, c'est une recette d'hiver donc j'utilise des légumes de saison. Découpe les champignons en fines lamelles, taille la carotte en lamelles à la mandoline, épluche et coupe l'oignon rouge en lamelles. Ajoute les cébettes et la ciboulette ciselée. Ajoute la garniture dans l'assiette.

—

Déguste ton carpaccio de magret avec un bon pain de campagne, tu verras, c'est incroyable !

Tataki de bœuf, salade d'herbes et vinaigrette asiatique

Préparation : 30 minutes • Cuisson : 30 minutes

POUR 2 PERSONNES • 250 g de noix de bœuf • Huile de tournesol • Fleur de sel et poivre • **PURÉE DE PATATE DOUCE** • 1 patate douce • 40 g de beurre • Sel et poivre • **VINAIGRETTE ASIATIQUE** • 20 g d'huile de sésame • 20 g de vinaigre de riz • 30 g de sauce soja • ½ cébette • 1 pincée de sésame grillé • **SALADE D'HERBES** • QS de cresson, cerfeuil, roquette

Pour cette recette de tataki de bœuf, choisis de la noix de bœuf ou du filet qui sont des morceaux tendres avec très peu de gras.

Pour la purée de patate douce
Épluche la patate douce puis coupe-la en tranches. Fais-la cuire dans une marmite d'eau salée, départ eau froide, pendant une trentaine de minutes.

—

Pendant que la patate douce cuit, sors ta viande du frigo, assaisonne-la de sel et de poivre puis laisse-la reposer à température ambiante.

—

Retire les morceaux de patate douce de l'eau, écrase-les dans un bol avec le beurre froid en morceaux, du sel et du poivre.

Pour la vinaigrette asiatique
Dans un bol, mélange l'huile de sésame, le vinaigre de riz et la sauce soja. Émince le vert de la cébette et ajoute-le à la vinaigrette avec une pincée de sésame grillé.

Pour la cuisson de la viande
Fais chauffer une poêle sur feu vif, ajoute un filet d'huile de tournesol et dépose ton morceau de bœuf dans la poêle. Saisis-le environ 1 minute sur chaque face. Attention, le tataki se mange bleu ou saignant : plus la viande cuit, plus elle perdra de sa tendreté. Une fois cuite, débarrasse la viande et réserve, cela va permettre au jus de rester à l'intérieur de la chair et de concentrer les saveurs.

Pour le dressage
Étale une belle cuillerée de purée dans le fond d'une assiette, découpe ton tataki de bœuf en tranches et dépose-les sur la purée. Ajoute une pincée de fleur de sel, nappe de vinaigrette asiatique et achève ton assiette en ajoutant une petite salade de cresson, cerfeuil et roquette sur ta viande.

Astuce
Tu peux acheter ton sésame grillé tout prêt ou le faire toi-même. Étale tes graines de sésame sur une plaque de four et enfourne 5 à 10 minutes à 180 °C pour qu'elles soient dorées ou fais-les griller à la poêle.

Ramen de porc maison

Le ramen est un plat d'origine chinoise, mais extrêmement consommé et apprécié au Japon.

Préparation : 30 minutes • Marinade : 30 minutes • Cuisson : 20 minutes

POUR 4 PERSONNES • 400 g d'échine de porc • 4 c. à c. de sauce soja • 2 c. à c. de sauce huître • 2 c. à c. de Maïzena® • 30 g d'huile de tournesol • Poivre noir • **GARNITURE** • 4 œufs • 400 g de champignons bruns de Paris • 2 cébettes • 100 g de feuilles d'épinard • 350 g de nouilles à ramen ou udon • Bouillon de carcasse de poulet rôti (voir p. 18)

Découpe ton échine de porc en quatre tranches. Dépose-les dans un plat et ajoute la sauce soja, la sauce huître, la Maïzena® et du poivre noir. Mélange bien pour répartir la marinade sur la viande, filme et laisse reposer à température ambiante pendant 30 minutes.

—

Verse l'huile de tournesol dans une poêle et fais revenir les morceaux d'échine à feu moyen, environ 15 minutes.
Laisse une petite croûte caramélisée se former sans brûler la viande. Découpe la viande en tranches et réserve-la.

Pour la garniture

Plonge les œufs dans une casserole d'eau bouillante pendant 6 à 7 minutes. Débarrasse dans un bol d'eau glacée pour stopper la cuisson. Une fois les œufs froids, écale-les doucement et réserve.

—

Émince les champignons de Paris et fais-les revenir dans la poêle qui a servi à cuisiner le porc. Comme ça, pas besoin de rajouter de l'huile, et tes champignons vont s'imprégner du goût de la viande.

—

Cisèle finement les cébettes, passe-les sous l'eau froide et sèche-les, réserve.

—

Lave tes feuilles d'épinard et coupe les feuilles les plus grosses en plus petits morceaux.

—

Pour les pâtes à ramen, fais-les cuire dans l'eau bouillante juste le temps indiqué sur le paquet et refroidis-les immédiatement sous l'eau froide. Tu peux les préparer en avance et les réserver cuites dans l'eau pour qu'elles ne collent pas.

—

Au moment de passer à table, réchauffe ton bouillon et dépose deux louches de bouillon bouillant dans un grand bol. Ajoute les pâtes à ramen cuites et égouttées, puis l'échine de porc coupée en tranches, les œufs durs coupés en deux, les champignons poêlés, les feuilles d'épinard et la cébette ciselée.

—

Il n'est pas nécessaire de réchauffer les pâtes. Le bouillon brûlant les réchauffera.

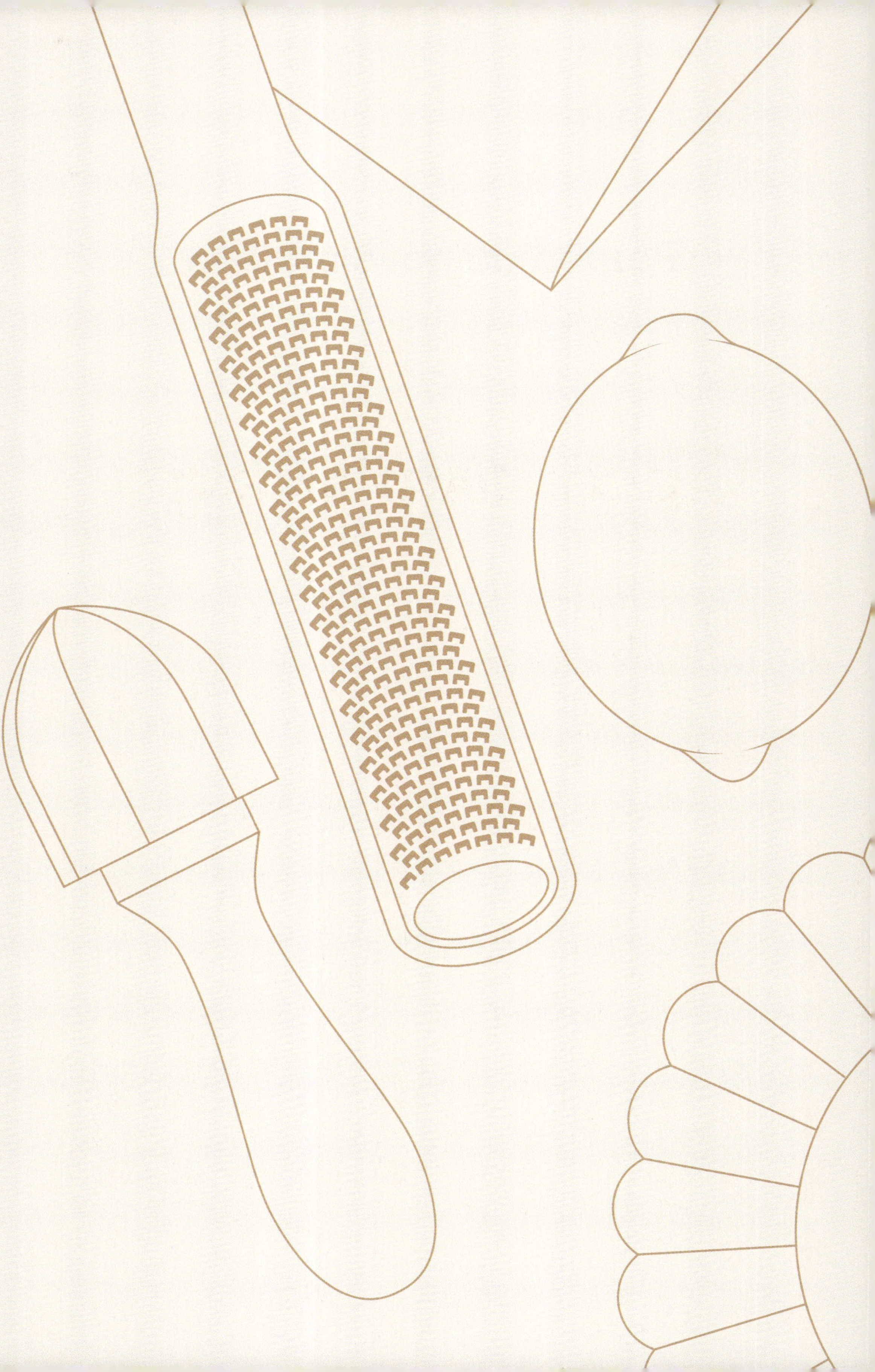

ACCOMPAGNEMENTS

Caviar d'aubergine

Préparation : 20 minutes • Cuisson : 45 minutes

POUR 4 PERSONNES • 4 aubergines • 60 g d'huile d'olive + pour servir • 1 pincée de paprika • 2 gousses d'ail• ½ bâton de citronnelle fraîche • 1 citron jaune • Quelques feuilles de persil frais • 1 poignée de sésame noir et blond grillé • Sel et poivre

Commence par couper tes aubergines en deux dans le sens de la longueur et incise la chair avec la pointe de ton couteau. Dépose les aubergines coupées sur une plaque recouverte de papier sulfurisé et assaisonne-les avec l'huile d'olive, du sel, du poivre et le paprika. Épluche et écrase ensuite les gousses d'ail, râpe le bâton de citronnelle et dépose-les sur les aubergines.

—

Préchauffe le four à 160 °C puis enfourne les aubergines pendant 45 minutes. À la sortie du four, retire la chair de tes aubergines rôties et place-la dans le bol d'un mixeur. (Tu peux aussi ajouter un peu de peau d'aubergine si tu aimes ça.) Ajoute le jus du citron jaune, quelques feuilles de persil et mixe soigneusement ta préparation. N'hésite pas à goûter et à rectifier l'assaisonnement si besoin.

—

Dépose ton caviar d'aubergine dans un bol, verse un filet d'huile d'olive, ajoute du sésame grillé et le reste de persil. C'est prêt !

Astuce

Tu peux acheter ton sésame grillé tout prêt ou le faire toi-même. Étale tes graines de sésame sur une plaque de four et enfourne 5 à 10 minutes à 180 °C pour qu'elles soient dorées ou fais-les griller à la poêle.

Beurre au vin rouge

Préparation : 25 minutes • Cuisson : 50 minutes • Repos : minimum 2 heures 30

POUR DEUX GROS BOUDINS • 500 g de beurre doux • 4 échalotes • 75 cl de vin rouge • 2 feuilles de laurier • Sel et poivre

Commence par découper ta motte de beurre en morceaux, dépose-les dans un saladier et laisse le beurre ramollir doucement à température ambiante (une trentaine de minutes environ).

—

Épluche tes échalotes et hache-les bien finement avec ton couteau. Fais-les revenir dans une casserole avec une noisette de beurre pendant quelques minutes et mouille-les ensuite avec la bouteille de vin rouge. Ajoute une pincée de sel, un peu de poivre et les feuilles de laurier. Laisse ta préparation bouillir à petit feu pendant 50 minutes jusqu'à ce que le vin rouge se soit totalement évaporé. Les échalotes doivent être bien rouges, gorgées de jus mais pas brûlées, attention !

—

Retire les feuilles de laurier et laisse les échalotes refroidir doucement.

—

Verse-les ensuite dans le saladier avec ton beurre mou, mélange bien avec une spatule et place ce mélange dans une poche à douille. Étale un ou plusieurs morceaux de film plastique sur ton plan de travail et poche le beurre mou aux échalotes (ou forme des boudins à l'aide d'une cuillère) par-dessus à la taille que tu veux. Roule ensuite le film plastique sur lui-même pour former deux boudins, serre bien les bords et laisse-les figer au réfrigérateur au minimum 2 heures.

—

Tu peux conserver ce beurre de vin rouge aux échalotes dans ton frigo pendant plusieurs mois ou même dans ton congélateur pendant encore plus longtemps. Tu peux le servir avec une viande rouge, des œufs au plat ou même du poisson, c'est délicieux.

Soupe à l'oignon

Préparation : 20 minutes • Cuisson : 1 heure environ

POUR 4 PERSONNES • 4 beaux oignons blancs • 50 g de beurre • 1 petit verre de vin blanc • 1 l de bouillon de légumes • 4 tranches de pain • 1 gousse d'ail • 100 g de comté ou d'emmental • Sel et poivre

Choisis quatre beaux oignons, enlève la peau, émince-les finement. Fais fondre le beurre dans une poêle, ajoute tes oignons émincés et fais-les revenir à feu moyen. Assaisonne en sel et poivre et laisse caraméliser tes oignons une quinzaine de minutes pour qu'ils aient une belle couleur brune. Déglace-les ensuite avec le vin blanc, laisse l'alcool s'évaporer doucement et débarrasse ta préparation dans une casserole. Ajoute le bouillon de légumes et laisse mijoter ta soupe à feu moyen pendant 30 minutes.

—

Préchauffe le four à 180 °C. Coupe quatre tranches dans un pain de campagne et frotte-les avec une gousse d'ail avant de les enfourner pendant 10 minutes. Verse ensuite ta magnifique soupe dans des petits bols à tête de lion, dépose quelques morceaux de tes croûtons à l'ail sur le dessus et recouvre le tout avec du comté râpé ou de l'emmental. Enfourne à 180 °C en mode gril pendant 8-10 minutes pour faire croûter le fromage sur le dessus de la soupe.

Astuce

Tu peux réutiliser la peau des oignons et de l'ail pour en faire des épices *(voir p. 55).*

Soupe à l'œuf

J'ai découvert la soupe à l'œuf quand je vivais au Japon. C'est un plat traditionnel très simple que les Japonais mangent souvent le matin au petit déjeuner. En voici ma version.

Préparation : 20 minutes • Cuisson : 20 minutes

POUR 4 PERSONNES • 150 g de champignons de Paris • ½ poireau • 1 oignon blanc • 2 cébettes • 1 l d'eau • 2 cubes de bouillon de volaille • 1 c. à s. de sauce soja • 4 œufs

Commence par couper en tranches les champignons de Paris, émince finement le poireau, puis l'oignon blanc épluché et les cébettes, du vert jusqu'au blanc. Fais ensuite chauffer l'eau dans une casserole, ajoute les cubes de bouillon de volaille et la sauce soja. Dépose tes légumes finement coupés à l'intérieur et laisse chauffer à feu moyen pendant 15 minutes. Casse les œufs dans un bol et bats-les avec une fourchette. Remue ta soupe avec une cuillère pour créer un mouvement et verse l'œuf battu dedans petit à petit. En entrant en contact avec le bouillon bien chaud l'œuf va se durcir et former des filaments. Et voilà une soupe à consommer bien chaude !

Risotto de butternut

Avec l'arrivée des courges en automne, c'est le moment idéal pour se préparer un risotto super gourmand au butternut.

Préparation : 30 minutes • Cuisson : 50 minutes

POUR 4 PERSONNES • 400 g de riz à risotto • 1 oignon blanc • 1 verre de vin blanc • 1 l de bouillon de volaille • 50 g de beurre • 50 g de parmesan • **CRÈME DE BUTTERNUT** • 500 g de butternut • 1 filet d'huile d'olive • 1 gousse d'ail • Sel et poivre

Pour la crème de butternut

Commence par éplucher ton butternut et taille-le en cubes assez gros. Dépose-les dans un plat qui va au four, assaisonne avec l'huile d'olive, du sel, du poivre, et la gousse d'ail écrasée. Enfourne à 200 °C pendant 30 minutes. Une fois cuits, mixe tes morceaux de butternut avec la gousse d'ail jusqu'à obtenir une purée bien lisse, et réserve ta préparation.

Pour le risotto

Épluche et hache finement l'oignon blanc. Fais revenir l'oignon dans une poêle sur feu doux avec une noisette de beurre sans le colorer. Déglace avec un petit verre de vin blanc, laisse l'alcool s'évaporer et ajoute ton riz à risotto cru dans la poêle. Laisse les grains revenir quelques minutes à sec dans la poêle pour les nacrer avant de mouiller avec ton bouillon de volaille. Je te conseille de mouiller en plusieurs fois en laissant le riz s'imbiber doucement de bouillon avant d'en remettre. Au bout de 15-20 minutes, le riz est cuit, tu peux alors ajouter la crème de butternut, le reste de beurre et un peu de parmesan. Mélange bien, goûte et rectifie l'assaisonnement si besoin. Dépose ton risotto dans une assiette et déguste-le bien chaud !

Salade de chou chinois au sésame, cerfeuil et œufs de truite

Quand on mange des sushis au restaurant, il y a souvent une petite salade de chou vinaigré en accompagnement. Je vais te montrer comment twister facilement cette recette pour en faire une entrée incroyable.

Préparation : 10 minutes • Marinade : 10 minutes

POUR 4 PERSONNES • ½ chou chinois • 1 boîte d'œufs de truite • Sésame grillé • **VINAIGRETTE** • 4 c. à s. de sauce soja • 4 c. à s. de vinaigre de riz • 4 c. à s. d'huile de sésame • 1 c. à s. de sésame grillé • 1 botte de cerfeuil frais

Coupe ton demi-chou chinois en quatre dans la longueur et émince-le finement. Lave-le bien à l'eau claire et sèche-le.

Pour la vinaigrette
Dans un bol, mélange bien la sauce soja, le vinaigre de riz et l'huile de sésame, puis ajoute le sésame grillé et le cerfeuil frais ciselé. Garde quelques pousses de cerfeuil pour le dressage.

—

Dépose ton chou chinois dans un bol, ajoute la vinaigrette au cerfeuil, mélange bien et laisse mariner 5 à 10 minutes au frigo.

—

Dresse ta salade dans une assiette, dépose quelques petits œufs de truite sur le dessus, du sésame grillé et quelques pousses de cerfeuil pour finir.

—

Le chou frais, bien croquant, avec les œufs de truite, c'est un bonheur en été.

Astuce
Tu peux acheter ton sésame grillé tout prêt ou le faire toi-même. Étale tes graines de sésame sur une plaque de four et enfourne 5 à 10 minutes à 180 °C pour qu'elles soient dorées ou fais-les griller à la poêle.

Crème de céleri et œufs de caille

Préparation : 20 minutes • Cuisson : 25 minutes

POUR 4 PERSONNES • 16 œufs de caille • 12 tranches de jambon cru • Vinaigre de cidre • **CRÈME DE CÉLERI** • 1 céleri-rave • 50 cl de lait de vache • 60 g de beurre • Sel et poivre • **DRESSAGE** • 1 poignée de pignons de pin grillés • 1 cébette • 4 c. à s. d'huile de noisette • Quelques branches de cerfeuil

Pour la crème de céleri

Retire la peau du céleri-rave à l'économe et coupe-le en cubes assez gros. Dépose tes cubes de céleri dans une casserole et ajoute le lait. Il faut que le céleri soit entièrement recouvert, si ce n'est pas le cas, ajoute un peu d'eau. Laisse cuire ta préparation à découvert sur feu moyen pendant 15 minutes en surveillant le lait pour ne pas qu'il déborde. Égoutte les morceaux de céleri puis passe-les au mixeur, ajoute le beurre, du sel, du poivre et un peu de lait de cuisson selon la texture que tu souhaites. Mixe bien pour obtenir une purée lisse et sans morceaux, laisse refroidir.

—

Dépose tes œufs de caille dans une casserole, immerge totalement les œufs dans l'eau bouillante, ajoute un trait de vinaigre de cidre et laisse cuire 5 à 6 minutes à feu vif. Dépose tes œufs dans de l'eau froide pour les refroidir et stopper la cuisson et écale-les doucement. Découpe ensuite tes œufs de caille en deux.

Dressage

Tapisse le fond d'une assiette avec la purée de céleri froide, dépose les œufs de caille coupés en deux par-dessus, un peu de jambon cru en chiffonnade, quelques pignons grillés, de la cébette ciselée, quelques branches de cerfeuil et un filet d'huile de noisette pour finir.

—

Déguste cette entrée avec du pain toasté, tu vas te régaler !

Purée de carotte au curry

Préparation : 15 minutes • Cuisson : 20 minutes

POUR 4 PERSONNES • 400 g de carottes • 50 g de beurre • 1 pincée de sucre • 1 pincée de curry • 100 g de yaourt à la grecque • Sel et poivre

Épluche tes carottes et coupe-les en petits tronçons. Ne coupe pas des morceaux trop gros pour gagner du temps sur la recette. Place tes carottes coupées dans une casserole et ajoute le beurre en morceaux, du sel, du poivre, et la pincée de sucre. Referme le couvercle de ta casserole et laisse ton mélange cuire à feu moyen pendant 20 minutes. Le feu doit être assez fort pour colorer les carottes mais sans les brûler. Remue de temps en temps pour éviter que les carottes n'accrochent au fond de la casserole et obtenir une coloration homogène.

—

Au bout de 20 minutes, déglace avec un petit fond d'eau et racle les sucs de cuisson avec une cuillère en bois.

—

Mixe le tout avec une touche de curry en poudre pour obtenir une jolie purée bien lisse. Tu peux ajouter un peu d'eau ou de la crème selon la texture que tu aimes : plus ou moins épaisse.

—

Sers ta purée dans des petits bols, ajoute une quenelle de yaourt à la grecque pour apporter encore plus d'onctuosité. Je te conseille de la déguster avec une viande grillée, c'est incroyable !

Riz à l'ail à la japonaise

Je te conseille cette recette quand tu as des restes de riz de la veille. C'est rapide, simple, et ça te permet de recycler tes restes.

Préparation : 10 minutes • Cuisson : 10 minutes

POUR 4 PERSONNES • 400 g de riz cuit • 1 filet d'huile de tournesol • 2 gousses d'ail • 2 cébettes • Sel et poivre

Dans une poêle, fais chauffer doucement un filet d'huile de tournesol. Épluche et écrase les gousses d'ail et ajoute-les dans l'huile chaude. Le but est de faire frire les morceaux d'ail pour les rendre croustillants et dorés, en infusant l'huile avec ce bon goût d'ail.

—

Remue bien ton mélange et contrôle la température, sur feu doux, pour ne pas faire brûler l'ail. Une fois que tes morceaux sont bien croustillants, ajoute le riz cuit dans la poêle et mélange bien.

—

Assaisonne avec un peu de sel et de poivre et sers ton riz parfumé dans un bol. Ajoute un peu de cébettes fraîches ciselées sur le dessus, c'est prêt !

Salade de légumes croquants et vinaigrette façon salade César

Préparation : 40 minutes • Cuisson : 10 minutes

POUR 4 PERSONNES • ½ salade feuille de chêne • 1 dizaine de champignons de Paris • ½ oignon rouge • 1 carotte • 2 endives • 100 g de lardons • 2 tranches de pain de mie • **VINAIGRETTE FAÇON SALADE CÉSAR** • 1 jaune d'œuf • 1 c. à c. de moutarde de Dijon • 1 c. à c. de vinaigre de cidre • 100 g d'huile d'olive • 20 g de parmesan râpé • ½ citron jaune • 4 filets d'anchois en boîte • ⅓ de botte de ciboulette • 1 gousse d'ail • Sel et poivre

Pour la salade de légumes croquants

Commence par laver tes légumes. Pour les découpes : roule tes feuilles de salade lavées et émince-les finement au couteau. Enlève le pied de tes champignons, coupe-les en deux puis en tranches fines. Épluche et émince finement l'oignon rouge, passe-le sous l'eau et sèche-le pour qu'il soit moins fort en bouche. Épluche et coupe ta carotte en fagots, découpe des tranches à la mandoline et taille-les en julienne au couteau (voir p. 28). Tranche les endives en deux et taille-les finement.

—

Fais ensuite revenir les lardons dans une poêle à feu vif pour les faire griller puis dépose-les sur un papier absorbant. Prends les deux tranches de pain de mie, coupe-les en petits cubes et laisse-les revenir dans la même poêle doucement pour obtenir des petits croûtons grillés à la saveur de lardons.

Pour la vinaigrette façon salade César

Dépose le jaune d'œuf dans un bol, ajoute la moutarde de Dijon, le vinaigre de cidre et mélange doucement avec un fouet en incorporant l'huile d'olive. Procède doucement, sinon tu vas obtenir de la mayonnaise. Ajoute ensuite le parmesan râpé, le jus du demi-citron jaune, les filets d'anchois hachés, la ciboulette ciselée, la gousse d'ail écrasée, du sel, du poivre, mélange de nouveau et goûte pour rectifier l'assaisonnement.

—

Dépose tous les légumes dans un grand saladier, ajoute la vinaigrette, mélange et termine avec les lardons grillés et les petits croûtons qui vont apporter le croquant.

Pickles de peau de melon

Tu ne le sais peut-être pas, mais la peau de melon est super bonne et bourrée de vitamines. Tu peux réaliser plein de recettes très facilement avec !

Préparation : 15 minutes • Cuisson : 20 minutes • Repos : 8 heures

POUR UN BOL DE PICKLES • 1 melon • 1 c. à c. de sel • 2 c. à c. de sucre • 4 c. à s. de vinaigre de cidre • 1 feuille de laurier • Jus de citron • Fleur de sel et piment d'Espelette

Commence par éplucher ton melon avec un économe pour enlever la première peau extérieure dure et sans intérêt. Une fois que c'est fait et que ton melon ressemble à une pastèque, coupe-le en deux et retire les pépins, réserve-les. Taille ensuite ton melon en quartiers et garde bien la peau intérieure verte et dure que tu jettes tout le temps d'habitude !

—

Coupe ensuite la peau en petits morceaux ni trop fins ni trop épais, mets-les dans un bol et rince bien à l'eau claire en ajoutant un trait de jus de citron. Sèche tes morceaux de peau dans un torchon propre et mets-les ensuite dans un sac plastique. Ajoute le sel, le sucre, le vinaigre de cidre et la feuille de laurier avant de refermer le sac. Mélange bien les peaux de melon à l'intérieur du sac avant de le refermer. Laisse reposer une nuit à l'abri de la lumière. Rince aussi tes pépins dans un bol et sèche-les sur un torchon propre. Dépose-les ensuite sur une plaque recouverte de papier cuisson, ajoute une pointe de fleur de sel et mets-les à griller au four à 170 °C pendant 20 minutes.

—

Le lendemain, place tes peaux de melon dans un torchon et presse le tout vigoureusement pour faire sortir l'eau et les ramollir. Dépose-les ensuite dans un bol, ajoute une pointe de piment d'Espelette, les pépins grillés et c'est prêt !

—

Les pickles se conservent jusqu'à un mois au réfrigérateur.

PLAISIRS SUCRÉS

Fondant avocat-chocolat

S'il te reste des avocats trop mûrs, pas de panique, j'ai la recette parfaite pour les utiliser.

Préparation : 15 minutes • Cuisson : 15 minutes

POUR 6 PERSONNES • 2 avocats bien mûrs • 1 gousse de vanille • 200 g de chocolat noir à pâtisser • 80 g de beurre • 3 œufs • 80 g de cassonade • 50 g de farine • 1 pincée de levure chimique

Commence par couper tes avocats en deux, enlève les noyaux, prélève la pulpe et dépose-la dans le bol d'un mixeur. Fends la gousse de vanille en deux, prélève les graines et ajoute-les à l'avocat. Mixe le tout jusqu'à obtenir une crème d'avocat bien lisse.

—

Casse le chocolat en petits morceaux dans un bol, ajoute le beurre en morceaux et laisse fondre doucement ton mélange au bain-marie en mélangeant bien à l'aide d'une Maryse.

—

Verse ensuite le beurre fondu avec le chocolat dans le mélange avocat-vanille et mixe de nouveau pour obtenir une préparation homogène. Casse les œufs dans un bol, ajoute la cassonade et blanchis ton mélange en remuant avec un fouet. Verse ensuite le mélange avocat-chocolat dans le bol, mélange de nouveau, incorpore ensuite la farine en la tamisant et termine avec une pincée de levure chimique.

—

Préchauffe le four à 200 °C.

—

Beurre des moules individuels pour ne pas que ça accroche et verse ton appareil à fondant dans tes moules jusqu'aux trois quarts. Enfourne pour 10 minutes.

Cookie XXL chaud et mou aux noix et glace vanille

Préparation : 20 minutes • Cuisson : 15 minutes

POUR 4 PERSONNES • 2 œufs • 160 g de cassonade • 1 sachet de sucre vanillé • 350 g de farine • 1 sachet de levure chimique • 1 pincée de fleur de sel • 200 g de beurre • ½ tablette de chocolat noir (100 g) • ½ tablette de chocolat blanc (100 g) • **DRESSAGE** • 20 g de noisettes • 20 g de noix de pécan • 1 boule de glace vanille

Casse les œufs entiers dans un saladier, ajoute la cassonade et le sucre vanillé, mélange au fouet. Tamise la farine en deux fois dans ton saladier, en mélangeant bien à chaque fois. Ajoute la levure chimique, la pincée de fleur de sel et mélange de nouveau avant d'incorporer le beurre ramolli à ta pâte.

—

Une fois que tout est bien incorporé, je te conseille de goûter cette pâte à cookie nature, c'est une folie !

—

Dans un plat qui va au four, étale la moitié de la pâte. Découpe grossièrement le chocolat noir et le chocolat blanc et parsèmes-en quelques copeaux sur le dessus de la pâte. Recouvre le tout avec le reste de pâte à cookie, ajoute encore un peu d'éclats de chocolat noir et blanc et enfourne à 180 °C pendant une quinzaine de minutes jusqu'à ce que les bords commencent à dorer.

—

Dès que ton cookie sort du four, ajoute le reste de copeaux de chocolat noir et blanc, parsème la surface de noisettes et de noix de pécan grossièrement hachées et ajoute une magnifique boule de glace vanille par-dessus. La pâte à cookie moelleuse est chaude va faire fondre la glace, et le mélange est super gourmand.

SANS GLUTEN • SANS LACTOSE •

Moelleux à la crème de marrons et compotée de pommes

Préparation : 30 minutes • Cuisson : 25 ou 35 minutes

POUR 6 PERSONNES • MOELLEUX À LA CRÈME DE MARRONS • 4 œufs • 140 g de cassonade • 20 g d'extrait de vanille liquide • 10 cl de lait d'amande • 100 g de beurre végétal • 20 ml de rhum • 160 g de farine de châtaigne • 10 g de levure chimique • 50 g de crème de marrons • 1 pincée de fleur de sel • QS de beurre **• COMPOTÉE DE POMMES** • 3 pommes (chanteclerc, golden, gala) • 60 g de beurre végétal • 1 sachet de sucre vanillé • 25 g de cassonade • 10 ml de rhum • ½ citron jaune

Pour le moelleux à la crème de marrons
Utilise deux saladiers et sépare les jaunes d'œufs des blancs. Mets les blancs au frigo et ajoute la cassonade et l'extrait de vanille liquide avec les jaunes, fouette pour blanchir le mélange. Ajoute le lait d'amande, le beurre végétal fondu, le rhum et mélange de nouveau. Incorpore la farine de châtaigne tamisée en deux fois puis la levure chimique. Termine en versant la crème de marrons dans le saladier et mélange toujours au fouet jusqu'à obtenir une texture homogène.

—

Sors tes blancs d'œufs du frigo, ajoute une pincée de fleur de sel et monte-les en neige avec un batteur électrique ou un fouet. Dès qu'ils ont pris une belle consistance et qu'ils tiennent dans le bol, ajoute-les en deux ou trois fois dans ta première préparation en les incorporant délicatement avec une Maryse.

—

Préchauffe le four à 180 °C. Beurre un moule à gâteau ou des petits moules individuels, dépose ton appareil dedans et enfourne pour 35 minutes dans un moule, ou pour 25 minutes seulement si tu utilises des ramequins.

Pour la compotée de pommes
Lave tes pommes, épluche-les si elles sont traitées, et découpe-les en une brunoise bien fine. Tu peux les conserver dans de l'eau citronnée pour qu'elles ne noircissent pas. Fais ensuite fondre le beurre végétal dans une poêle, ajoute le sucre vanillé et la cassonade puis la brunoise de pommes. Augmente le feu et laisse ta poêle monter en température avant d'ajouter le rhum et de le faire flamber. Déglace ensuite avec le jus du demi-citron jaune et laisse compoter tes pommes à feu doux pendant 10 minutes.

—

Sers la compotée de pommes sur le moelleux encore chaud.

Astuce
Tu peux également servir ton moelleux avec la crème anglaise à la noix de coco *(voir p. 137).*

Fondant au caramel

Préparation : 15 minutes • Cuisson : 10 minutes

POUR 6 PERSONNES • 4 œufs • 1 pincée de fleur de sel • 1 gousse de vanille • 150 g de farine • 150 g de sucre blanc • 100 g de beurre • 150 ml de crème liquide

Commence par casser les œufs dans un bol, ajoute la pincée de fleur de sel et les graines de la gousse de vanille. Mélange bien à l'aide d'un fouet pour faire mousser les œufs et tamise la farine dans le bol pour éviter les grumeaux. Mélange à nouveau et réserve ta préparation.

—

Verse ensuite le sucre blanc dans une casserole et laisse-le fondre doucement pour obtenir du caramel. Dès que le sucre a fondu et qu'il a pris une belle couleur caramel, dépose le beurre froid en morceaux dans la casserole et remue doucement avec une cuillère en bois. Ajoute ensuite la crème liquide tiède et mélange avec un fouet pour lier le tout et obtenir une crème caramel bien homogène. Laisse refroidir ton caramel hors du feu en le remuant pendant quelques minutes pour qu'il ne soit pas trop chaud !

—

Incorpore ensuite ton caramel refroidi au mélange œufs-farine et mélange bien pour obtenir un appareil homogène. Choisis des moules classiques ou des moules jetables en alu, mais le plus important c'est de bien les frotter avec du beurre pour éviter que la préparation ne colle.

—

Préchauffe le four à 200 °C. Verse ensuite l'appareil dans les moules beurrés et enfourne pour 10 minutes. Laisse reposer 2-3 minutes à la sortie du four avant de démouler les fondants, ce sera plus facile.

SANS LACTOSE

Crème anglaise à la noix de coco et citron vert

Si, comme moi, tu adores la crème anglaise et que tu cherches une alternative sans lactose, cette recette est parfaite.

Préparation : 10 minutes • Cuisson : 10 minutes

POUR UN GRAND BOL • 2 jaunes d'œufs • 45 g de sucre • 1 zeste de citron vert • 1 pointe de Grand Marnier® (10 g) • 30 cl de crème de coco • Quelques copeaux de noix de coco

Commence par fouetter les jaunes d'œufs avec le sucre dans un bol jusqu'à ce que le mélange blanchisse (garde les blancs au frais pour une autre recette).

—

Lave bien la peau du citron vert puis râpe le zeste, ajoute une pointe de Grand Marnier® et la crème de coco. Mélange ta préparation au fouet et dépose ton bol sur une casserole d'eau pour commencer la cuisson au bain-marie. Démarre doucement pour ne pas cuire les œufs et remue sans arrêt avec un fouet pendant que ta crème anglaise monte en température. N'hésite pas à faire des allers-retours au-dessus du bain-marie si tu sens que la casserole chauffe trop. Au bout de 10 minutes, ta crème aura pris une belle consistance nappante, sans grumeaux, laisse-la refroidir sur ton plan de travail.

—

Tu peux la servir telle quelle dans un bol avec quelques copeaux de noix de coco ou la déguster comme accompagnement avec un fondant au chocolat (voir p. 141) ou un moelleux à la crème de marrons (voir p. 133), par exemple.

Banana cake coco-chocolat

Pour éviter de gaspiller tes bananes trop mûres en les jetant à la poubelle, tu peux préparer ce délicieux dessert.

Préparation : 20 minutes • Cuisson : 1 heure

POUR 8 PERSONNES • 2 bananes • 100 ml de lait de coco • 50 ml de crème de coco • 2 œufs • 100 g de cassonade • 50 g de sucre de coco • 50 g de beurre • 50 g d'huile de coco • 250 g de farine • 1 sachet de levure chimique• 80 g de chocolat noir pâtissier

Commence par couper les bananes en petits morceaux et mets-les dans un mixeur avec le lait et la crème de coco. Mixe pour former un mélange homogène sans morceaux et réserve.

—

Casse les deux œufs dans un bol, ajoute la cassonade et le sucre de coco, mélange bien au fouet pour blanchir les œufs. Ajoute le beurre fondu et l'huile de coco fondue à ton mélange. Tamise la farine et incorpore-la au mélange précédent en remuant avec un fouet pour éviter les grumeaux, ajoute ensuite la levure chimique.

—

Préchauffe le four à 160 °C. Beurre un moule à cake et verse un peu de ton mélange au fond. Ajoute quelques morceaux de chocolat et alterne les couches jusqu'en haut : pâte à gâteau et éclats de chocolat.

—

Quand le moule est rempli, ajoute le reste de tes morceaux de chocolat et enfourne ton banana cake pendant 1 heure. Tu peux le déguster chaud ou froid, l'accompagner d'une boule de glace... Il se garde filmé dans un endroit sec à l'abri de la lumière.

Fondant au chocolat inratable

Préparation : 15 minutes • Cuisson : 15 minutes

POUR 6 PERSONNES • 150 g de beurre • 150 g de chocolat noir à pâtisser • 3 œufs • 100 g de cassonade • 1 sachet de sucre vanillé • 50 g de farine

Commence par placer le beurre coupé en morceaux dans un cul-de-poule avec le chocolat cassé en morceaux. Laisse fondre doucement ce mélange au bain-marie.

—

Pendant ce temps, casse les œufs dans un saladier, ajoute la cassonade et le sucre vanillé et mélange avec un fouet pour blanchir les œufs. Ajoute la farine tamisée, mélange bien et verse le chocolat et le beurre fondu dans ta préparation. Mélange encore pour obtenir une pâte homogène.

—

Préchauffe le four à 200 °C.

—

Beurre des moules à fondant, verse l'appareil dedans et remplis tes moules aux trois quarts. Enfourne pour 10 minutes.

—

À la sortie du four, laisse tes fondants reposer 2-3 minutes avant de les démouler.

ANNEXES

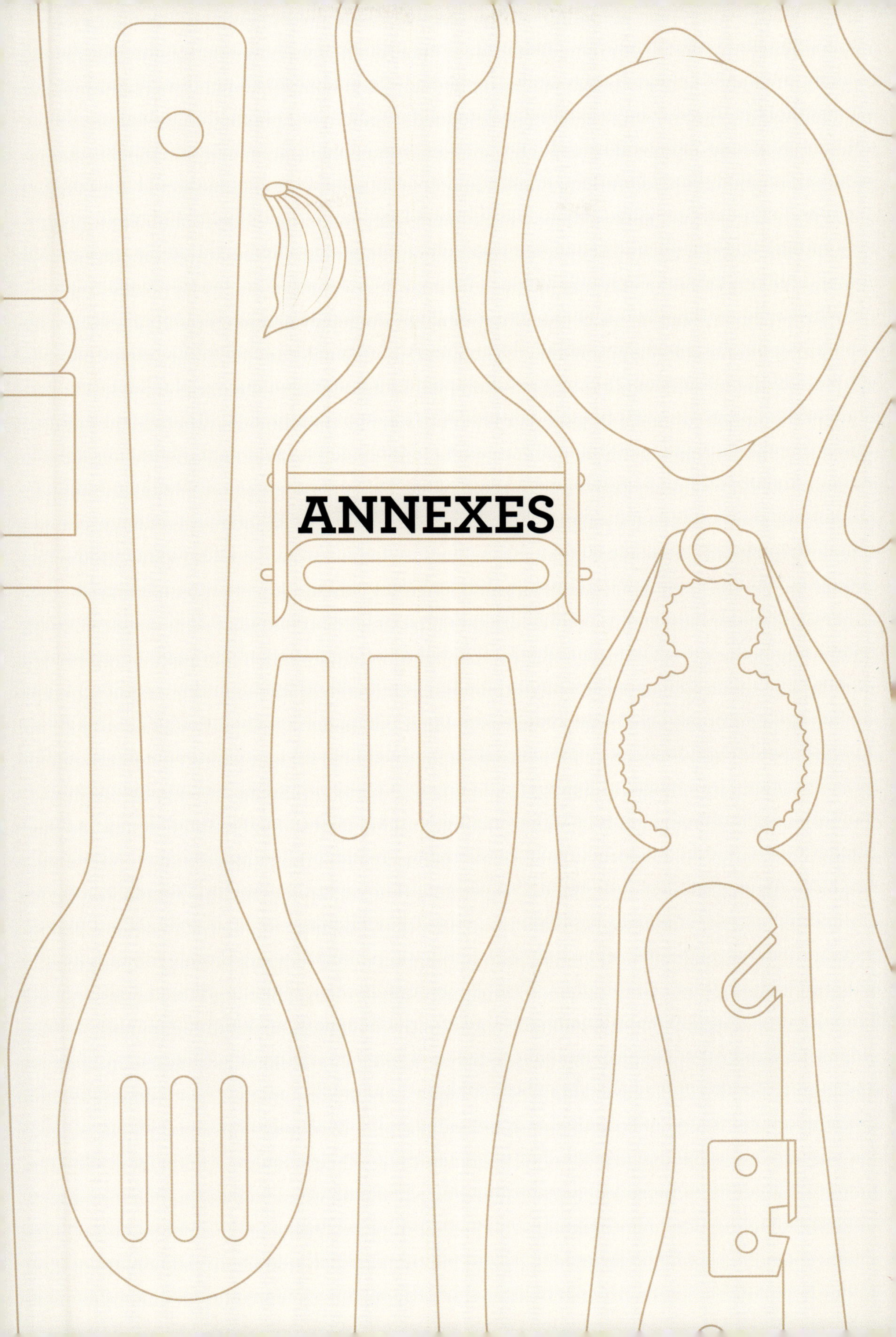

TABLE DES RECETTES

Ma cuisine sans complexe

INDEX DES RECETTES

B

C

D-E

F

G

H-K-L

M

INDEX DES RECETTES (suite)

P

R

S

T

INDEX PAR INGRÉDIENTS

INDEX PAR INGRÉDIENTS (suite)

INDEX PAR INGRÉDIENTS (suite)

INDEX PAR INGRÉDIENTS (suite)

INDEX PAR INGRÉDIENTS (suite)

INDEX PAR INGRÉDIENTS (suite)

Retrouvez-moi sur Instagram et TikTok
@chef_theo_lignani

Remerciements

Merci à tous les chefs qui m'ont accompagné
et ont marqué mon parcours : Fred et Jean,
chefs de cuisine et de salle à l'ESCOM Nice,
chef Kudo, chef Sue San et chef Fujita qui m'ont
pris sous leur aile au Japon.

Merci à mes proches d'avoir cru en moi,
de m'avoir toujours soutenu et poussé
dans cette voie. Merci surtout d'avoir accepté
de goûter à mes expérimentations culinaires,
pas toujours savoureuses.

À ma communauté...

Ça fait longtemps que vous me le demandez,
vous qui me suivez depuis longtemps, et le voici enfin :
mon livre. C'est à la fois un projet personnel
et un projet de partage, avec vous.
Merci de me suivre au quotidien dans mes projets,
de partager mes recettes et de m'apporter
beaucoup d'amour et de soutien.

Département éditorial Art de vie

Direction éditoriale : Laure Aline

Édition : Marine Laurençot

Correction : Françoise Letort

Fabrication : Virginie Leroux

Création graphique : Pierre Seydoux

Couverture : Édouard Bonnefoy

ISBN : 979-10-401-1927-2

Connectez-vous sur :
www.editionsdelamartiniere.fr
Instagram : @lamartiniere.cuisine

Photogravure : Les Caméléons

Dépôt légal : juin 2024
Achevé d'imprimer en mai 2024 sur les presses de Graphycems
Imprimé en Espagne